シリーズ「遺跡を学ぶ」別冊 01

黒耀石の原産地を探る

鷹山遺跡群〈改訂版〉

黒耀石体験ミュージアム

新泉社

はじめに

星のようにキラキラと輝く美しい石、黒耀石《こくようせき》。長野県長和町《ながわまち》（旧長門町《ながとまち》、二〇〇五年に和田村と合併）・鷹山《たかやま》にある黒耀石の原産地を、いつのころからか人びとは星糞峠《ほしくそとうげ》とよぶようになりました。割れ口が鋭く加工しやすい黒耀石は、約三万年もの間、石器の材料として利用されてきました。産地の限られる貴重な黒耀石をもとめて、鷹山の地にはたくさんの人びとが集まり、星糞峠からそのふもとの一帯には、黒耀石の流通に関係した大きな遺跡がいくつも残されています。全国各地へ持ち運ばれていった黒耀石。この地は、まさにその「ふるさと」なのです。

鷹山遺跡群では、私たちの祖先が、どのように黒耀石とかかわってきたのか、その歴史を探り、黒耀石のふるさとにひろがる遺跡群の保存と活用を目指して、長年にわたり発掘調査が続けられてきました。そして二〇〇四年（平成一六）に、星糞峠のふもと

●鷹山遺跡群の位置

に、これまでの研究の成果をわかりやすく展示し、遺跡の保存と活用を支えるための「星くずの里たかやま　黒耀石体験ミュージアム」が建設されました。

本書は、その黒耀石体験ミュージアムの展示を中心に、黒耀石原産地の全貌を解説し、発掘資料がものがたる旧石器時代から縄文時代にかけての石器づくりと、黒耀石の流通について解説したものです。そのため本書の中では、ミュージアムの展示パネルや展示品をかなり利用しています。

さらに遺跡からは、学術的な情報と共に、私たちの祖先がたくましく命をつないできた、その生活の知恵と技をとおして、生きるということへのさまざまな思いやメッセージを得ることができます。長和町では、この遺跡が現在の私たちに語りかけるメッセージを、子どもから大人のみんなが共有できる一つの方法として、さまざまな体験学習に取り組んできました。本書では、ミュージアムでおこなっている体験コースについても紹介しています。

●黒耀石体験ミュージアム

黒耀石の原産地を探る

―鷹山遺跡群〈改訂版〉―

黒耀石体験ミュージアム

【目次】

はじめに……2

第1章　星くずの里・鷹山……7

1　星糞峠の輝く黒い石……8

2　発掘調査の道のり……14

第2章　黒耀石原産地遺跡群の全貌……23

1　黒耀石とは……24

2　旧石器時代の鷹山……32

3　縄文時代の鷹山……38

編集委員
勅使河原彰（代表）
小野　昭
小野正敏
石川日出志
小澤　毅
佐々木憲一

装幀　新谷雅宣
本文図版　松澤利絵

第3章　石器づくりと流通 …… 51

1　道具からくらしを考える …… 52
2　旧石器時代の石器づくりと流通 …… 60
3　縄文時代の石器づくりと流通 …… 68

第4章　遺跡の保存と活用 …… 77

1　黒耀石のふるさとを守る …… 78
2　体験学習の実践 …… 80
3　信州黒耀石文化のメッセージ …… 90

引用・参考文献 …… 93
博物館案内　黒耀石体験ミュージアム …… 94

第1章　星くずの里・鷹山

1　星糞峠の輝く黒い石

2　発掘調査の道のり

1　星糞峠の輝く黒い石

黒耀石の輝き

激しい雷雨の後に、太陽の光を浴びて輝く黒耀石の石鏃《せきぞく》。つい先ほどまでは、ほこりにまみれて気づきもしなかった足元に、小さな小さな形の整った三角形のヤジリを発見する。その瞬間の言い表わしがたい感動が、いつの時代にあっても、多くの人びとを、悠久のロマンの世界へといざなってきました。子どものころに石器や土器を拾ったことが、歴史に興味をもつきっかけとなった人も多いのではないでしょうか。

太古の人が使ったであろう遺物がわずかな重みをもって、いま、自分の手のひらの中にある。数千年前という想像しがたい世界が、ほんのちょっと身近なものに感じることができる。

こうして夢中になって拾い集めた宝物の中で、ひときわ輝く存在が黒耀石の石器でした。日常生活では見かけない、ガラスのようにキラキラと輝く黒い石。はじめて触れる黒耀石の石器をまんじりともせず見つめ、何度も何度も指先でこすっては、まるで、その輝きを確かめるかのように太陽にかざして眺めつづけました。「なぜ、ここにあるんだろう。どこから来たんだろう」。疑問がつぎつぎと頭の中を駆けめぐり、「すごい発見をしたんだ」と、自分自身に興奮していたことが思い出されます。

●**鷹山、星糞峠産の黒耀石**
子どもたちは、キラキラ光る黒耀石が大好きだ。

●**黒耀石の原石**（左）**と石器**（右）
右上：敲石と多孔台石、右下：旧石器、縄文時代のおもな石器

1　星糞峠の輝く黒い石

日本最古のブランド品

黒耀石の代表的な原産地が、和田峠をはじめとして、星糞峠、星ヶ塔《ほしがとう》、そして、麦草峠《むぎくさとうげ》と、長野県のほぼ中央に位置する霧ヶ峰《きりがみね》から八ヶ岳《やつがたけ》の一帯に密集しています。

近年の調査では、火山の噴火口単位で産出地が特定されるようになってきました。霧ヶ峰の周囲には、太平洋側と日本海側の境となる分水嶺をはさむようにして、標高一〇〇〇メートルを越える山並みの中に、二〇カ所以上の産出地点が確認されています。

そして、この黒耀石の一大産地に囲まれた広大な高原地帯には、その豊かな自然環境を背景として、貴重な黒耀石資源を生産・流通させていた人類活動の痕跡が、濃密な遺跡の分布として残されていることが知られています。

霧ヶ峰産の黒耀石は、旧石器時代から縄文時代のおよそ三万年近くもの間、最も広範囲の地域で多量に利用されており、それだけ人気が高かったことがうかがえます。三万年の歴史の中で、もちろん、黒耀石以外にも、それぞれの地域で手に入れることのできたさまざまな石材で多くの石器がつくられています。では、なぜ、険しい道のりを経て、黒耀石がそれほど大量に持ち運ばれていたのでしょうか。切れ味の鋭さ、そして、加工のしやすさと、たしかに黒耀石は、他の石材と比較すれば、群を抜いて優れた石器の材料であったということができます。しかし、産地の限られた黒耀石に対するこだわり方には、それだけでは説明できない、いわば、石器時代のブランド品であったといえるような、執着心をも見出すことができます。当時の人たちは、はたして、黒耀石の背後に何を見ていたのでしょうか。

黒耀石については、古くから交易があったとして、あたかも物々交換の代表選手というイメージをもたれてきましたが、たんなる交換品としての価値以外に、特定の生活資源を生産し、それを流通させる仕組みを築く元になった社会的な価値が見直されています。

●蓼科山頂からみた霧ヶ峰の黒耀石原産地帯

星糞という名前

長野県長和町の鷹山地区には、黒耀石の産地に「星糞峠」という不思議な地名が残っています。この星糞峠は、霧ヶ峰火山帯の東北端に位置し、近年の調査によって、隣接する和田峠と並ぶ、重要な黒耀石の産出地の一つとして注目されるようになったところです。

「星糞」という言葉は、非常にインパクトのある響きですが、これはまさに、キラキラ輝く黒耀石のことを指し示しています。地元のおばあちゃんたちの話では、星糞峠は流れ星が降り積もったところであると小さなころから聞いて育ち、また、別名では「お天道様のハナクソ」とも呼んでいたとのことです。いずれの言葉も、黒耀石がたくさんとれる原産地ならではの表現ですが、星という文字には、身近なものでありながらも、遠い地域へと大切に持ち運ばれていった、その不思議な魅力に対する思いもこめられていたようです。

星糞という言葉がいつのころから使われるようになったのか、その起源は明らかになっていません。しかし、江戸時代後半に書かれた『会津石譜《あいづせきふ》』には、黒耀石の方言としてこの言葉が紹介されており、かなり古くから広く知れわたっていたようです。また、巻貝の化石を「月《つき》糞《くそ》」とも紹介しています。

地名では、長和町の星糞峠以外にも、静岡県の駿河湾《するがわん》に張り出した御前崎《おまえざき》に、古くから「星の糞」が拾える場所として知られていた「星の糞遺跡」があります。星糞という地名の指し示すところは、いずれも縄文時代の遺跡という点で共通しているようです。つまり、昔の人が星糞とよんでいたのは、表面が風化した黒耀石の原石そのものではなく、縄文人たちによって打ち剥《は》がされた、石器づくりの際の多量の割りくずだったのではないでしょうか。

黒耀石の割れ口は太陽の光を反射してみごとに輝き、さらに、薄く割りとられたカケラを透かしてみると、半透明の中に光が屈折してひろがり、昔の人が思わず、それらを星のカケラといってしまった気持ちがよくわかるような気がします。

さらに、興味深いのは、漢字の語源から、糞という文字を「不要となった割りくずをほうり捨てた」と解釈すると、原産地、あるいは、それに近接する「星糞峠」と「星の糞」は、それらが多量に捨てられた特定の場所として認識されていたということになります。

●**長和町鷹山地区**
左の山が高松山、中央のくぼみが星糞峠、右の山が虫倉山。
ふもとの畑に旧石器時代の鷹山遺跡群がひろがっている。

黒耀石文化研究の先駆者

鷹山の黒耀石原産地で遺跡を発見したのは、地元、長和町大門《だいもん》出身の児玉司農武《こだましのぶ》さんです。児玉さんは、農業の合間に独学で歴史を学び、遺跡を発掘したり地域の歴史をまとめていました。最初に黒耀石の産地に足を向けたのは、終戦後、旧大門村満州分村の帰還者が、この鷹山を開拓地として入植した後の一九五五年（昭和三〇）のことです。

当時、児玉さんは、大門川流域の縄文時代の遺跡を精力的に調査していました。そして、大門川を下流から上流へと遺跡を追い求めていくうちに、開拓地から星糞峠の一帯にたどり着き、黒耀石の石器が大量に出土する遺跡を発見したのです。

遺跡の発見を報じた新聞の中で児玉さんは、大門川の下流の遺跡に石器を供給していた可能性のある石器製作址が発見されたとコメントしています。また、この遺跡は関東地方の貝塚にも匹敵する重要なものとしています。ここが原産地の遺跡として、特定の生産物を流通させる拠点であったことに注目した点は、今日の黒耀石研究の視点に通じる卓越した指摘でした。

発見した場所ごとに、大切に整理保管されていた数多くの石器は、その後の研究で重要な役割をはたしました。

●**上**：自宅で資料を整理する児玉司農武さん。
下：ひとり黙々と石器を探す児玉さん。このひたむきな姿は、いまも地元の人びとに語り継がれている。

学術調査のはじまり

一九四九年（昭和二四）の群馬県岩宿《いわじゅく》遺跡の発見以降、中央の学会では、日本列島にも旧石器時代から人びとが住んでいたことが証明され、旧石器時代の遺跡の探究が注目されていました。長野県でも一九五二年（昭和二七）に、関東地方以外ではじめて旧石器時代の遺跡、諏訪市の茶臼山《ちゃうすやま》遺跡が発掘調査されました。

そのころ児玉さんを訪ねたのが、長野県史の前身である『信濃史料』の編纂のため、古い遺跡をさがしもとめていた樋口昇一《ひぐちしょういち》さん（元長野県文化財保護審議委員）と麻生優《あそうまさる》さん（元千葉大教授）でした。

二人は当時、学生でしたが、まだ旧石器時代の遺跡の発見例が数少ない中、児玉さんの案内で男女倉《おめぐら》遺跡のこれまでにない大量の黒耀石の石器を目にすること

●**旧和田村の男女倉Ⅱ遺跡の調査**（1957年）
厚く堆積する火山灰層から多量の石器が発見された。

になり、その遺跡の様子を驚きの面持ちで大学の研究室へ報告に戻ります。そして、一九五七年（昭和三二）から男女倉遺跡と鷹山遺跡の発掘調査が相次いでおこなわれることとなります。

　児玉さんの採集した石器から、明らかに旧石器時代の遺跡の可能性が高いと判断された男女倉遺跡は、長野県下の野尻湖《のじりこ》の調査を手がけていた「信州ローム研究会」によって、五次にわたる調査がおこなわれました。そして、鷹山遺跡は一九六一年（昭和三六）に第一次調査がおこなわれます。信州ローム研究会の発掘調査は、石器の出土する地層が確実に旧石器時代の遺物を包含するローム層中であることを確認するものでした。

　さらに鷹山遺跡の石器の内容を明らかにする調査が、尖石《とがりいし》考古館の協力でおこなわれ、鷹山地区の入り口部にあたる追分《おいわけ》遺跡、さらに鷹山と大きな谷をはさんで対峙する蓼科《たてしな》山麓の割橋《わればし》遺跡へと遺跡探究の範囲をひろげていきました。

●鷹山第Ⅰ遺跡の調査風景
トレンチという溝を掘って、石器の出土する地層を探す。背後の山の中央が星糞峠。

鷹山遺跡調査団の発掘

一九八〇年代に入ると、長和町にも農作業を効率化するための構造改善事業や高原の立地を活かした観光開発など、大型開発の波が押し寄せるようになりました。

鷹山地区では町営スキー場の建設が計画され、一九八四年（昭和五九）にその事前調査として、千曲川《ちくまがわ》水系古代文化研究所主幹の森嶋稔《もりしまみのる》さん（後に長野県考古学会長となる）を団長、明治大学教授の戸沢充則《とざわみつのり》さんを顧問とする「鷹山遺跡調査団」による発掘調査がおこなわれました。

発掘の対象となった地点は、スキー場の駐車場や施設の建設が予定された約一万平方メートルの範囲。児玉さんや尖石考古館によって発掘された第I地点のすぐ西隣りで、鷹山の遺跡の中でも、たくさんの石器が発見されているところです。遺跡全体の範囲も、推定で東西約三〇〇メートル、南北約二〇〇メートルという、か

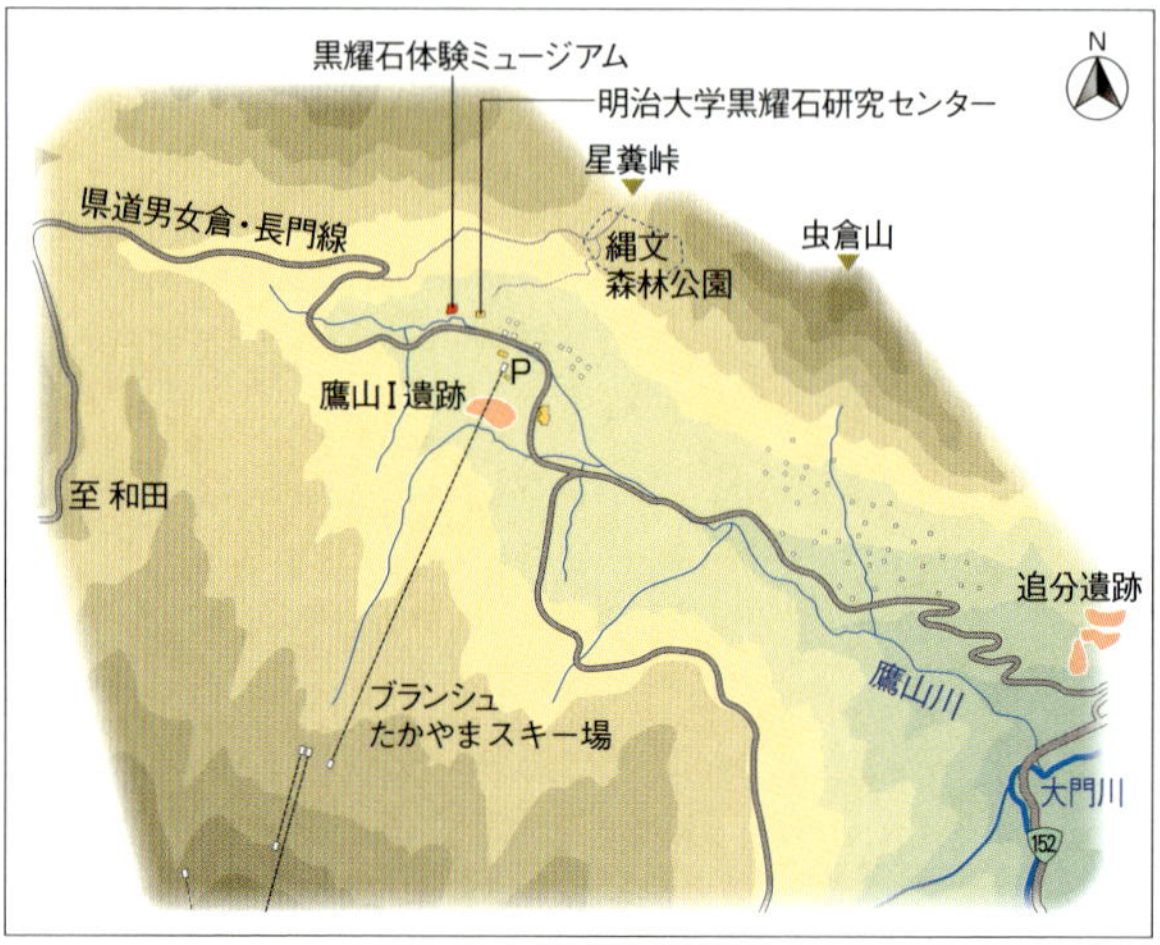

●鷹山遺跡群の所在地

なり大きな遺跡です。

発掘調査は、冬も間近の一〇月六日からはじまりました。まず最初に、遺物のひろがりをとらえようということで、対象面積のうち約三四〇〇平方メートルを掘り下げたのですが、表面の土をわずかに削っただけで、おびただしい量の黒耀石が出土しはじめ、その数を記録するだけでも膨大な作業で、いっこうに掘り進むことができません。

石器は旧石器時代のものであり、石器が含まれている主要な地層は、この下にも厚く埋もれています。この原産地ならではの膨大な石器の量とその規模は、調査団としても予想をはるかに上まわるものでした。

このため長和町（旧長門町）では、観光開発と遺跡保存をともに将来の町の活性化につながるものとして共存させようという方針で、工事計画を大幅に変更し、難しいとされていた県道の路線を付け替え、遺跡の範囲を回避してスキー場施設を建設し、遺跡を保存することにしました。

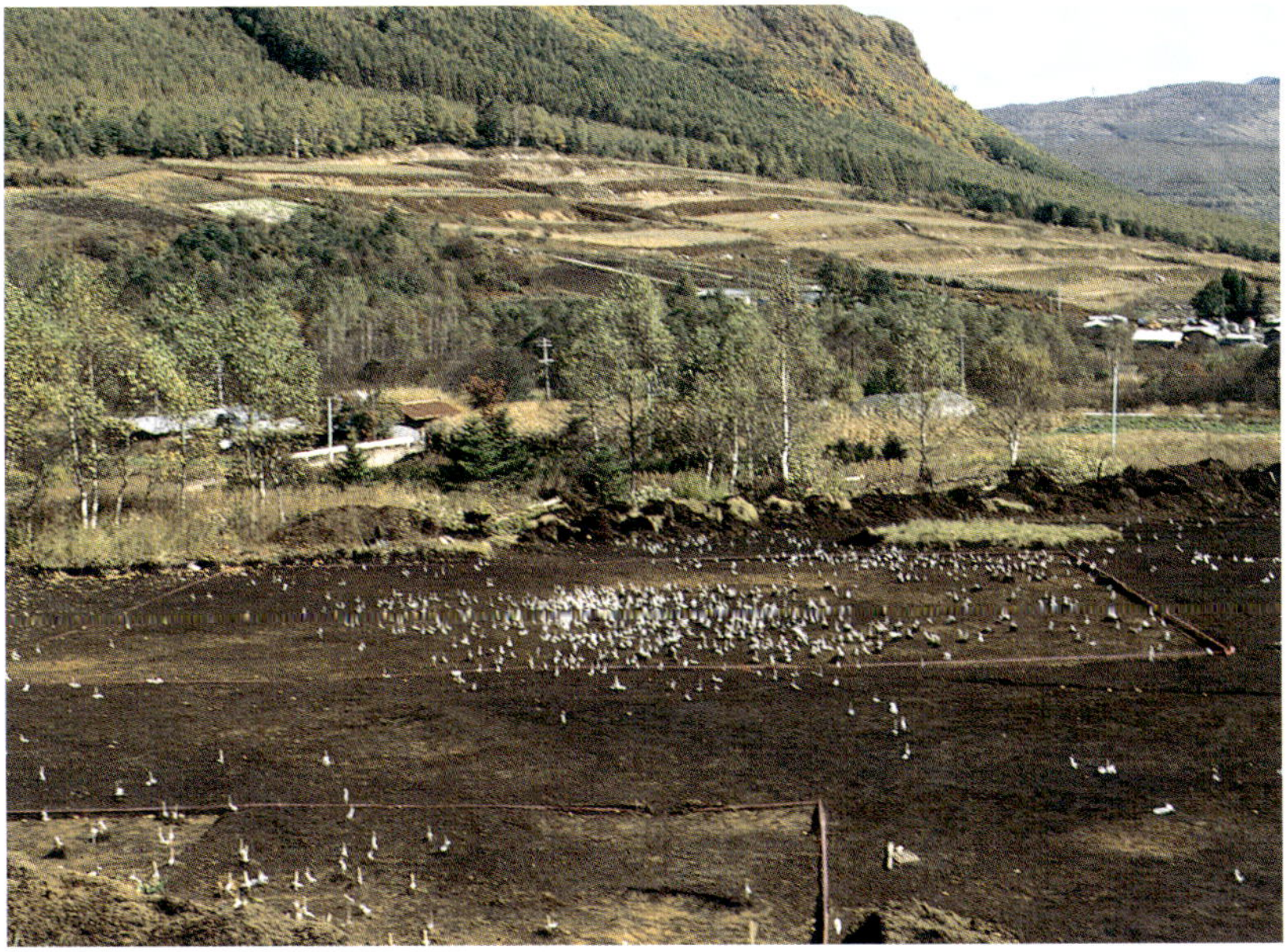

●鷹山第Ｉ遺跡Ｍ地点の調査
白いラベルが発見された石器。一定の範囲にまとまって出土している。

2　発掘調査の道のり

黒耀石鉱山の発見

こうして鷹山第Ｉ遺跡Ｍ地点の調査は、石器づくりによって残された遺物の集中する範囲、つまりブロックをほぼ完全な形で発掘することになりました。そして、鷹山地区全体の本格的な調査は明治大学考古学研究室と長和町（旧長門町）との合同調査という形で、その後の二〇年にわたって続けられます。

まず一九八六年（昭和六一）には、鷹山地区の耕地を対象とした遺跡の詳細分布調査がはじまりました。開拓によって切り開かれた耕地全体をくまなく歩き、地表面に落ちている石器の分布から、遺跡の位置とその範囲をさぐる調査です。こうして旧石器時代の黒耀石原産地遺跡群の様子がわかるようになりました。

一九八九年（平成元）には、大規模な開発の波が霧ヶ峰の山間部にもおよぶようになったため、調査の範囲は人跡未踏の広大な森林部にも広げられました。この広域分布調査では、鷹山遺跡群の密集部から流れ出す鷹山川の下流や、周囲をとり囲む山の稜線づたいに、小さな遺跡が点々と残されていることが明らかになってきました。そして、黒耀石の産出源と注目されていた星糞峠から虫倉山の斜面にかけて、新たに縄文時代の黒耀石の採掘址《さいくつし》群が発見されたのです。採掘址群の規模や、そこでくり広げられていた採掘のありさまは、まさにこの一帯が「縄文時代の黒耀石鉱山」であったことをうかがわせる大規模なものでした。

　鷹山遺跡群は、黒耀石をめぐる人類史を、旧石器時代から縄文時代の石器時代全般を通じて復原することのできる貴重な文化遺産として、あらためてその意義が注目されるようになります。

讀賣新聞
THE YOMIURI SHIMBUN
縄文初の「黒曜石鉱山」　長野県長門町
75基の採掘跡確認
大量動員　組織的な生産活動？
原始イメージ修正も

●縄文時代の黒耀石鉱山発見を１面で伝える読売新聞（1993年9月12日）

●広域分布調査（1991年）
森林の内部はやぶでおおわれて地面が見えない。遺跡のありそうな地形を探して試掘する。

黒耀石の耀という文字

黒耀石の「耀」の字は、「かがやく」という意味をもっていますが、同じ意味をもつ漢字に、「曜」という字もあります。

江戸時代の石器収集家として有名な木内石亭《きうちせきてい》が書いた『雲根誌《うんこんし》』という書物には、「黒曜石」という文字がはじめて登場します。そして、明治時代になって、西欧の岩石研究がはじめて日本に紹介されたときにも、Obsidian＝黒曜石という字を使って訳されていました。新聞や教科書では一般的にこの曜の字を使っています。

しかし、大きな原産地のある長和町では、キラキラ光る石のイメージから、好んで耀という字を使っています。また、火山を研究している岩石学者の間では、火を意識して「黒耀岩《こくようがん》」とすることも多いようです。どの文字も用字的には間違いではないようです。

ちなみに、英語のObsidianという名称は、ローマ帝国の将軍プリニウスが書いた本の中で、オブシウスという人がエチオピアを旅行していたときに発見した石に似ていると紹介したことが由来となっています。

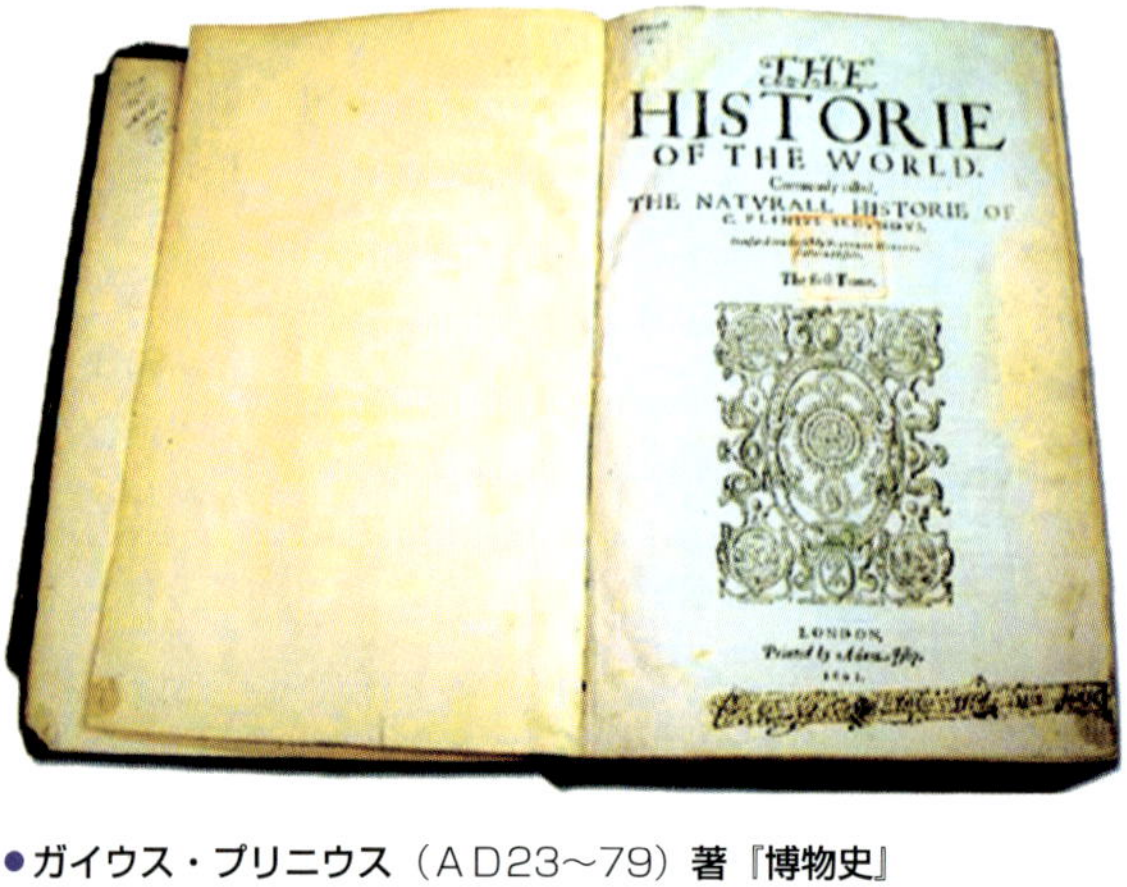

●ガイウス・プリニウス（ＡＤ23〜79）著『博物史』

第2章　黒耀石原産地遺跡群の全貌

1　黒耀石とは
2　旧石器時代の鷹山
3　縄文時代の鷹山

1 黒耀石とは

黒耀石の原産地

切れ味のよい石器の材料として人気が高かった天然ガラスの黒耀石は、限られた原産地から遠い道のりを経て各地へと運ばれていった。

黒耀石は火山から噴き出したマグマが固まってできた天然のガラスです。割れ口が鋭く加工しやすいところから、切れ味のよい道具（石器）の材料として利用されてきました。

火山の多い日本列島ですが、黒耀石ができた山は限られています。そのなかで長野県の霧ヶ峰から八ヶ岳にかけての地域は、質の良い黒耀石が大量にとれる原産地です。そして、この長野県産の黒耀石は、数万年もの間利用されつづけ、近畿地方から東北地方にかけての広い範囲に流通していたことがわかっています。

キラキラ光る黒耀石。この黒耀石を産み出した山の近くには、なぜか〝星〟の文字がつく地名が特徴的にみられます。下諏訪町の「星ヶ塔」「星ヶ台」、そしていつのころからでしょうか、長和町の鷹山地区にある原産地には「星糞峠」という地名が言い伝えられてきました。

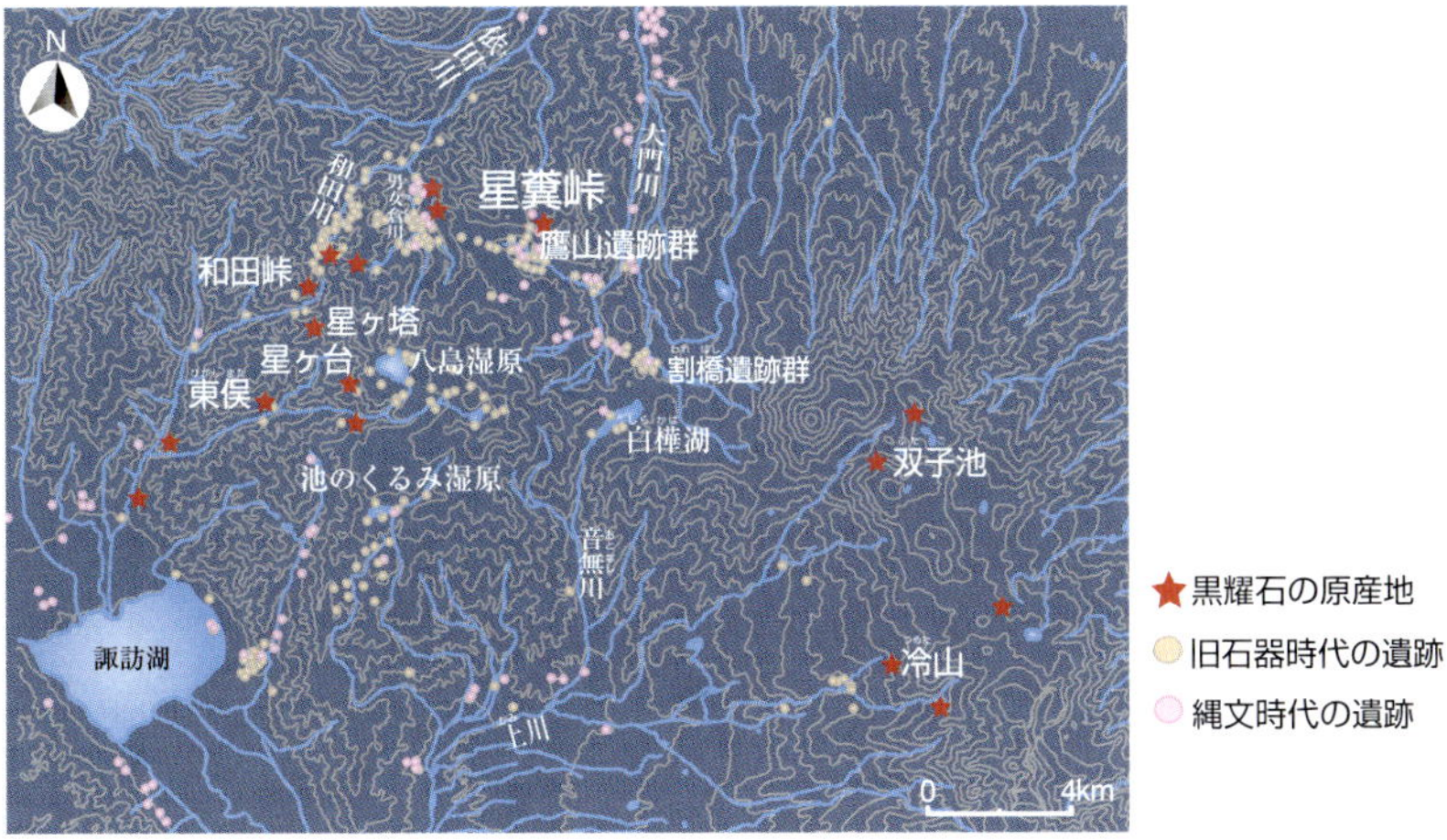

長野県の主な原産地と発見された遺跡

黒耀石の時代

黒耀石が石器の材料として使われはじめたのはおよそ三万年前。現在までを一日におきかえると、活躍した時間は一九時間ほどに。

金属を知らなかった旧石器時代と縄文時代の人びとは、おもに石を材料として道具をつくっていました。この時代のことを石器時代ともいいます。人類の歴史は、まず、この石器時代からはじまります。

日本列島にいつごろから私たちの祖先が住みはじめたのか——その年代はまだ確定していませんが、三万年前から三万五〇〇〇年前の遺跡が全国各地で発見されています。世界史的には、〝後期旧石器時代〟とよばれる時代です。鋭い刃先をもつ石器を木の柄の先につけ、狩りの道具としていました。この石器の材料として、黒耀石が使われるようになったのは、およそ三万年前ごろからです。

黒耀石は旧石器時代、そして縄文時代の石器時代全般をとおして、人気の高かった代表的な石材とされています。そして、黒耀石の使用は、その後の弥生時代にもおよび、金属の普及する古墳時代や、それ以降にも使用された例が発見されています。

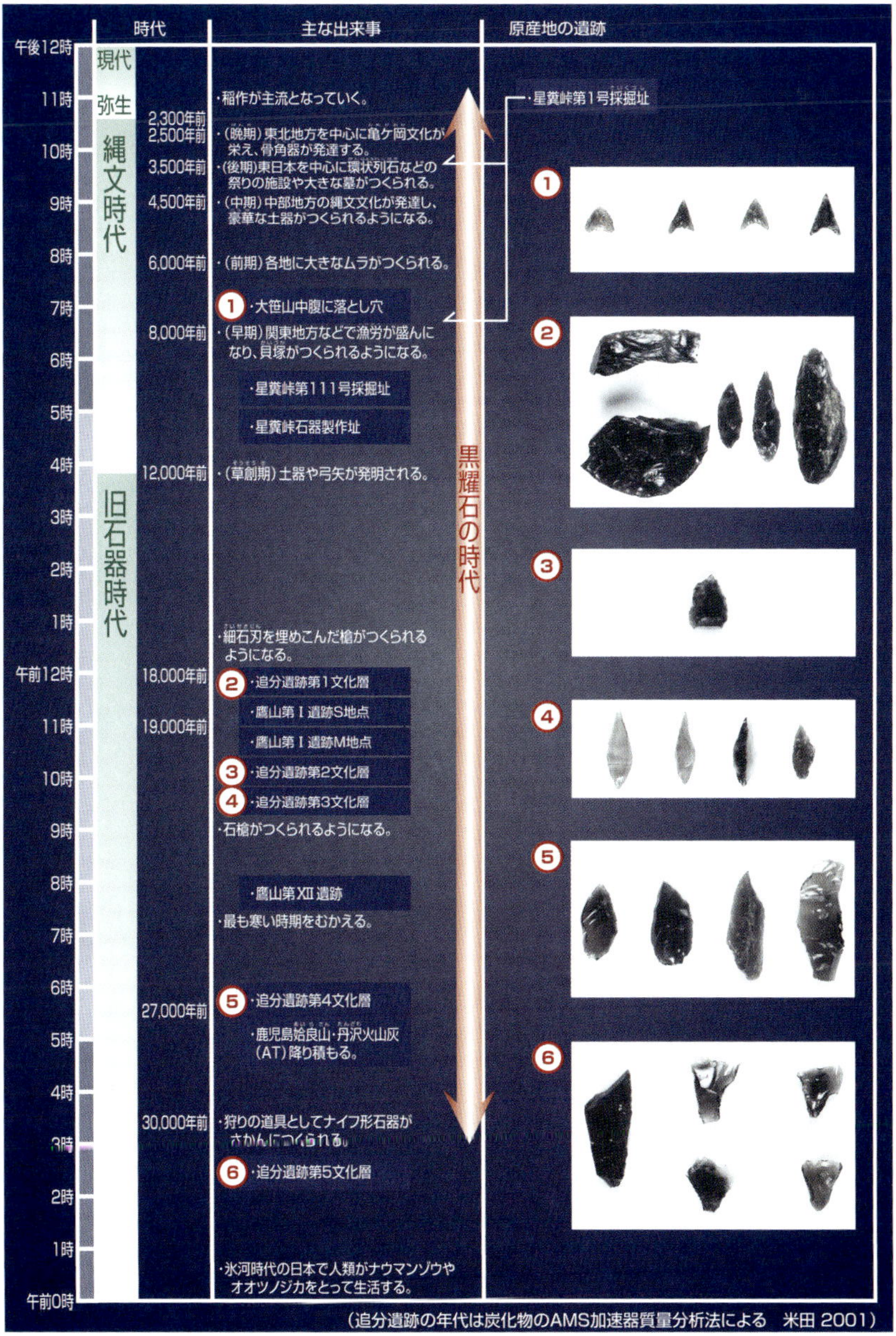

●日本列島全域に人が住みはじめてから現在までを一日におきかえてみると、黒耀石が使われていた時間は、午前3時から夜中の10時を超える間になる。黒耀石がいかに重要な役割をはたしてきたかがわかる。

1　黒曜石とは

黒曜石のムラ

鷹山地区の入り口にあたる追分では、石器をつくっていた六つの遺跡が重なり合うように発見された。

鷹山地区の入り口にあたる追分で、新しい道路をつくるときに発掘調査がおこなわれました。その結果、時期のちがう六つの地層から、星糞峠産の黒曜石でつくられた石器や、石器をつくるときに打ち捨てられた大小さまざまな割りくずが、何カ所かにまとまるようにして発見されました。黒曜石を大量に運び込んで石器づくりをしていたムラの跡があったのです。

地層を見ると、それぞれのムラの跡は、降り積もった火山灰や、鷹山川の洪水によって上流から押し出されてきた石をたくさん含む土砂で埋ってしまったことがわかります。そして、最も古いムラの跡は、現在の地表面から五メートルほど下の地層から発見されました。この地層は、石器と一緒に発見された炭化物の調査から、およそ三万年前の地層であることが明らかになっています。

つまり、黒曜石は、このころより石器の材料として利用されるようになり、大量の黒曜石が周辺各地へと持ち出されるようになったのです。

追分という地名は、ミチが交差する分岐点に、その名がつくことが多いようです。この追分遺跡の発見された地点は、黒耀石の原産地から流れ出す鷹山川と、分水嶺の近くから日本海側に向かって流れてきた大門川との合流点に位置しています。追分遺跡を残した人たちは、おそらく、原産地から運び出してきた黒耀石を加工して、ここから、次の地域へと出かけていったと考えられます。いく度もくり返すようにして、石器づくりのムラがつくられた追分。この地は、まさに、黒耀石流通の中継基地の役割をはたしていたと考えられています。これらの遺跡を残した人びとは、いったいどこからやってきて、また、どこへ行ったのでしょうか。

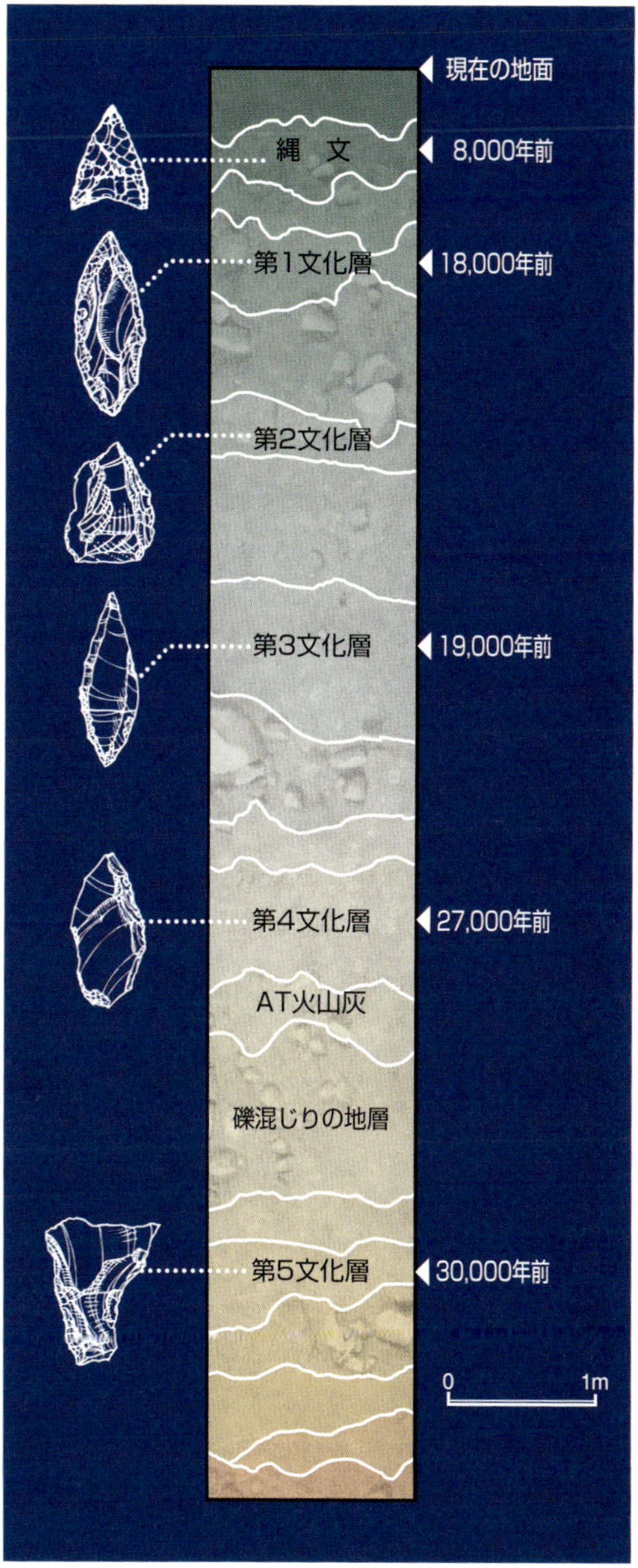

●追分遺跡の地層
上の図の第1〜5文化層（縄文から旧石器時代）とした地層から土器や石器が発見された。

黒耀石ものがたりin鷹山

星糞峠の黒耀石は今から約870,000年前におこった和田峠の噴火で形成され、その後の火砕流によって流れてきたと考えられています。

今から約870,000年前～

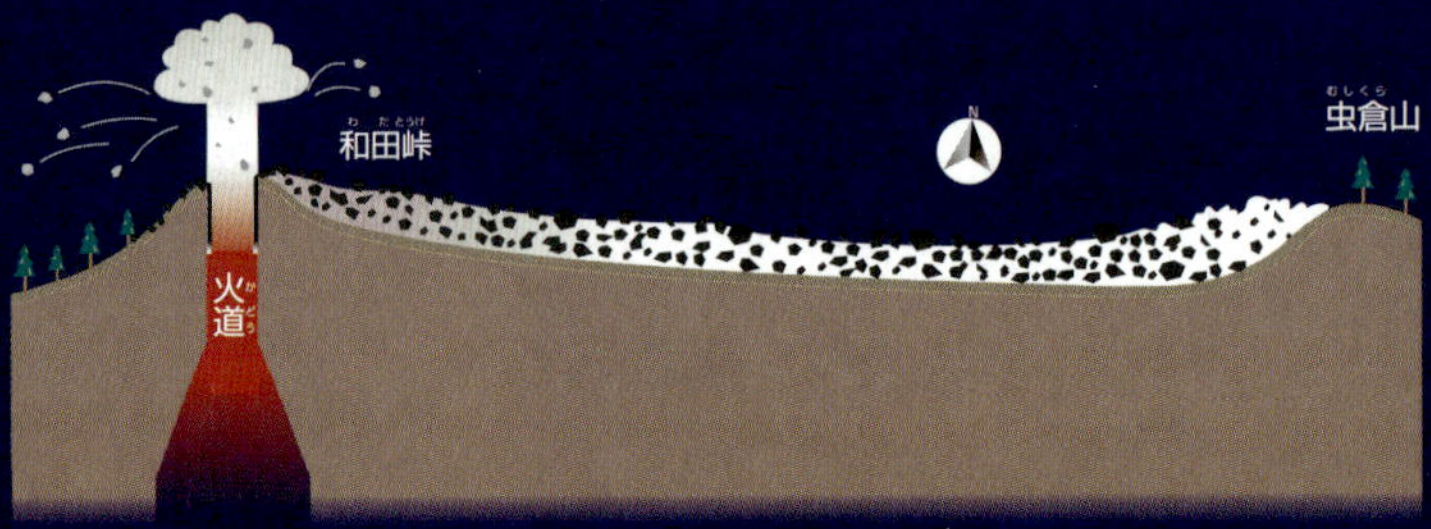

和田峠の火山の噴火でできた黒耀石が、火砕流によって虫倉山に流れてきました。当時、和田峠と虫倉山の間には、現在のように険しい谷は無く、なだらかな地形であったようです。

今から約800,000年前

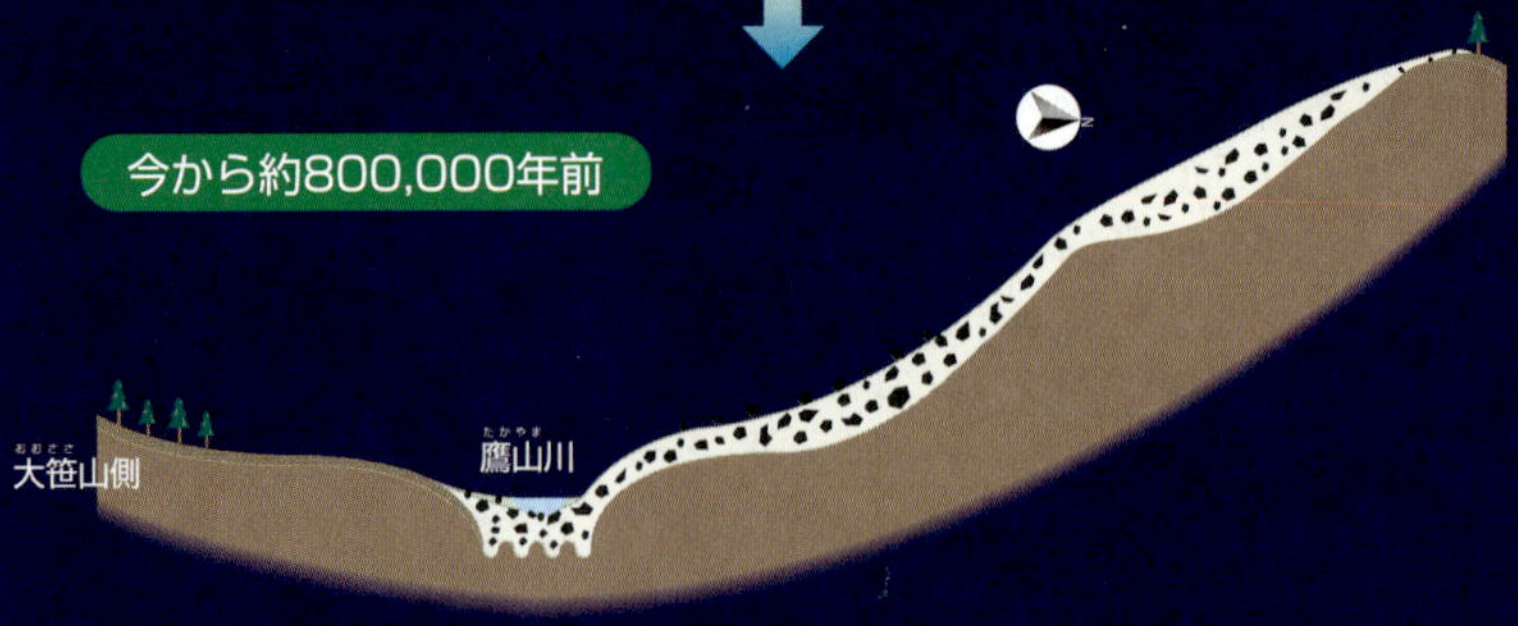

大きな地形変動によって現在の深い谷や川が形成されました。
虫倉山からは黒耀石が土砂とともにふもとを流れる鷹山川に崩れ落ちてきました。

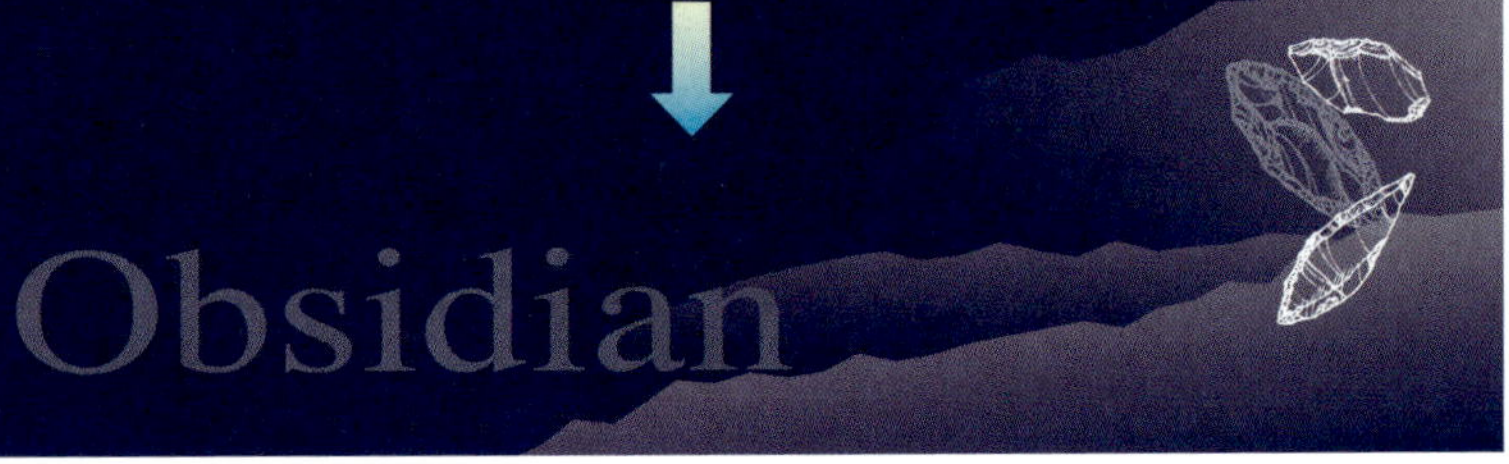

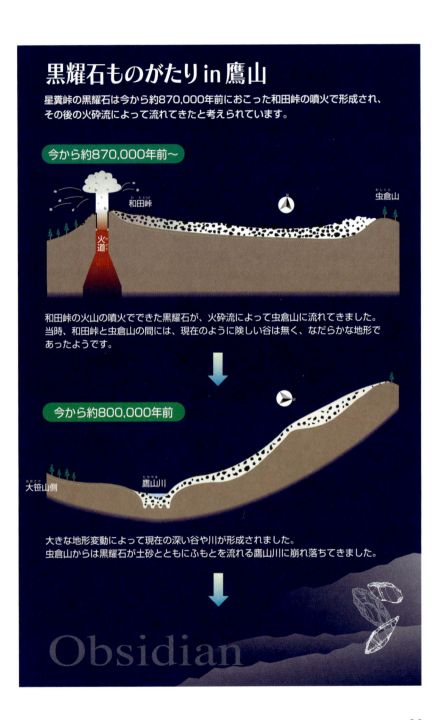

今から約30,000年前〜

たくさんの旧石器人が鷹山川に黒耀石を拾いにきました。川沿いにひろがる台地にムラをつくり、拾い集めた黒耀石で石器をつくったり、狩りをしたりして生活をはじめます。黒耀石の原石や石器は遠くのムラへも持ち運ばれていきました。

約10,000年〜3,500年前〜

気候が暖かくなり、森が徐々に発達してくると、土砂崩れも少なくなり、川の近くでは黒耀石が拾いにくくなりました。縄文人は、山に登って黒耀石を掘り出すようになります。掘り出された黒耀石は鷹山から持ち出され、それぞれのムラへと運ばれていきました。

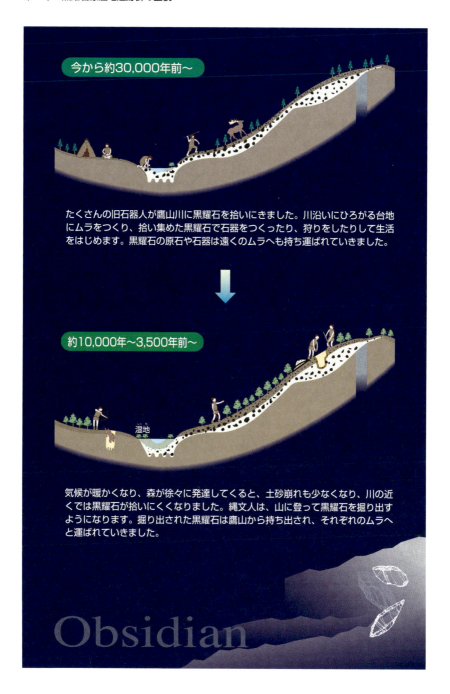

鷹山黒耀石原産地遺跡群

星糞峠のふもとを流れる鷹山川沿いには、黒耀石で石器をつくり、他の地域に持ち出した石器工場のような遺跡がひろがっている。

星糞峠のふもとを流れる鷹山川沿いでは、峠付近から崩れ落ちてきた黒耀石の原石を川底で拾ってたくさんの黒耀石の石器をつくり、周辺各地へと持ち出していた旧石器時代の工場のような遺跡が密集して発見されています。また、この大きな遺跡のまわりや鷹山川の下流には、やや小さな遺跡が点々と続き、日本海側へと流れる大門川と鷹山川との合流点には、先にみたように、たくさんの石器がつくられていた追分遺跡があります。

小さな遺跡は、狩りをしながら移り住んだキャンプのような遺跡で、発見された石器からは、壊れてしまった道具をつくり直したり、持ち歩いていた黒耀石の原石や素材から、新たに道具をつくって補充しながら移動していた様子がうかがえます。

これらの遺跡が発見された場所をつなげていくと、黒耀石そのものを入手する場であった原産地の中心部と、他の地域とを結ぶ、当時のみち筋を推定することができます。そして、いく度も遺跡が残された追分の地は、そのみち筋の重要な分岐点《ぶんきてん》だったようです。

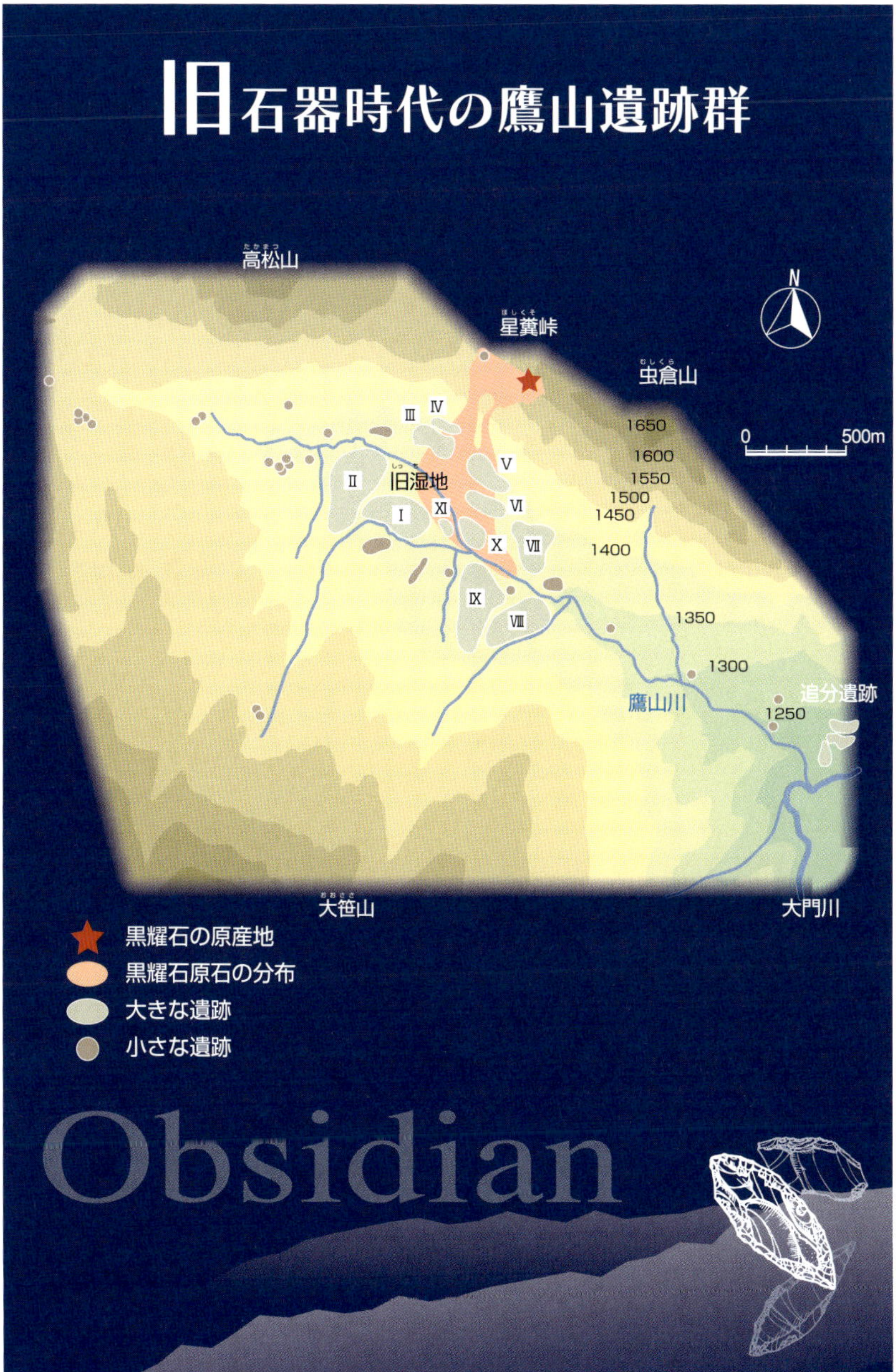

●この黒耀石をめぐる遺跡のひろがりを「鷹山黒耀石原産地遺跡群」とよんでいる。

川で拾って石器をつくる

黒耀石の山のふもとは石器づくりのムラとしてにぎわっていた。

旧石器時代の人びとは、石器の材料となる石を、おもに川原などで探していたと考えられます。黒耀石の原石も、最初は、偶然に下流の川原などで発見し、より多くの材料を求めて上流へと向かい、原産地のふもとを流れる鷹山川の源流近くにたどり着いたのではないでしょうか。

近年の調査では、星糞峠の黒耀石は八七万年前の和田峠の噴火によってできた黒耀石が火砕《かさい》流《りゅう》によってこの地に流れてきたと考えるようになってきました。黒耀石は、その後の地形変動によって峠付近から転げ落ちるなかで弱い部分が崩れ落ち、ふもとの鷹山川では、石器づくりに適した硬く質の良い黒耀石をたくさん拾うことができるようになります。

川沿いの台地の上では、鷹山川の原石から石器の素材となる薄く形の整った剥片や石槍などがたくさんつくられ、周辺各地へと持ち出されていました。石器をつくっていた場所には、打ち捨てられたおびただしい量の細かな割りくずや石器の失敗品、そして小さくなった原石の芯の部分が残されています。

●旧石器時代の黒耀石の採取と石器製作の様子を推定復原した模型

旧石器時代の鷹山を復原する

前ページの風景は、およそ一万八〇〇〇年前の鷹山第I遺跡周辺の様子を推定復原したものです。平均気温が今より四度ほど低い寒い時期で、標高一三七〇メートルの鷹山川の周囲には、現在の二〇〇〇メートル級の高山で見られる木や植物がまばらにひろがっていたと思われます。

鷹山川を中心に、地下の地層の様子を見てみましょう。星糞峠側の斜面には、地層の中に山頂から崩れ落ちてきた黒耀石の原石がたくさん含まれていることがわかります。川の中では、旧石器人が握り拳よりも大きな黒耀石を拾い集めていました。一方、鷹山川右岸の台地の上では、川で採集した原石をもとに石槍がさかんにつくられています。石をたたき割っている人たちの周囲には、細かな割りくずが一面に捨てられていた様子も見られます。発掘の時に発見される〝ブロック〟とよばれている石器のまとまりは、この場所を示しているのです。

石器づくりのすぐ近くには、彼らの住むテントが建てられていたと思われます。そして、その前には、真っ赤に焼けた大小さまざまの石が見えますが、これは、いわゆるバーベキューをしていた跡です。鷹山では、一万八〇〇〇年前から焼肉をしていたのです。旧石器時代には、ナウマンゾウやオオツノジカなどの、現在では見られなくなってしまった動物がいたことがわかっています。鷹山に住んでいた人たちは、どんな動物を食べていたのでしょうか。

●旧石器人は川の中で握り拳よりも大きな黒耀石を拾い集めた。

●発掘された石器ブロックから復原した石器製作の様子。

星糞峠の黒耀石鉱山

虫倉山から星糞峠にかけての斜面には、黒耀石を掘り出した跡がクレーター状のくぼみとなって残されている。

星糞峠から虫倉山の南西斜面では、縄文人がさかんに穴を掘り、地下に埋もれていた黒耀石を採掘していました。その採掘の跡は、掘り出された土が穴のまわりに土手のように積み重ねられ、クレーターのようなくぼみの地形となって見ることができます。

クレーター状のくぼみは、黒耀石の割くずが拾える範囲と重なるようにして、一九五カ所確認されています。また、それらは、山の斜面一帯に連なるようにしてひろがっていますが、山全体の形は、その連続するくぼみによって階段状になっており、黒耀石の採掘が、山の地形そのものを変えてしまうような、大規模なものであったことがわかります。

このくぼみを発掘すると、いく度もくり返して黒耀石の採掘がおこなわれていたことがわかります。採掘によってできた地表面のくぼみを「採掘址」、その地下に埋もれている深い採掘の穴を「竪坑《たてこう》」とよんでいます。そして、石器の原料として黒耀石資源を生産し、各地へと持ち運ぶ、このような活動がおこなわれていた採掘址の全体を「黒耀石鉱山」とよんでいます。

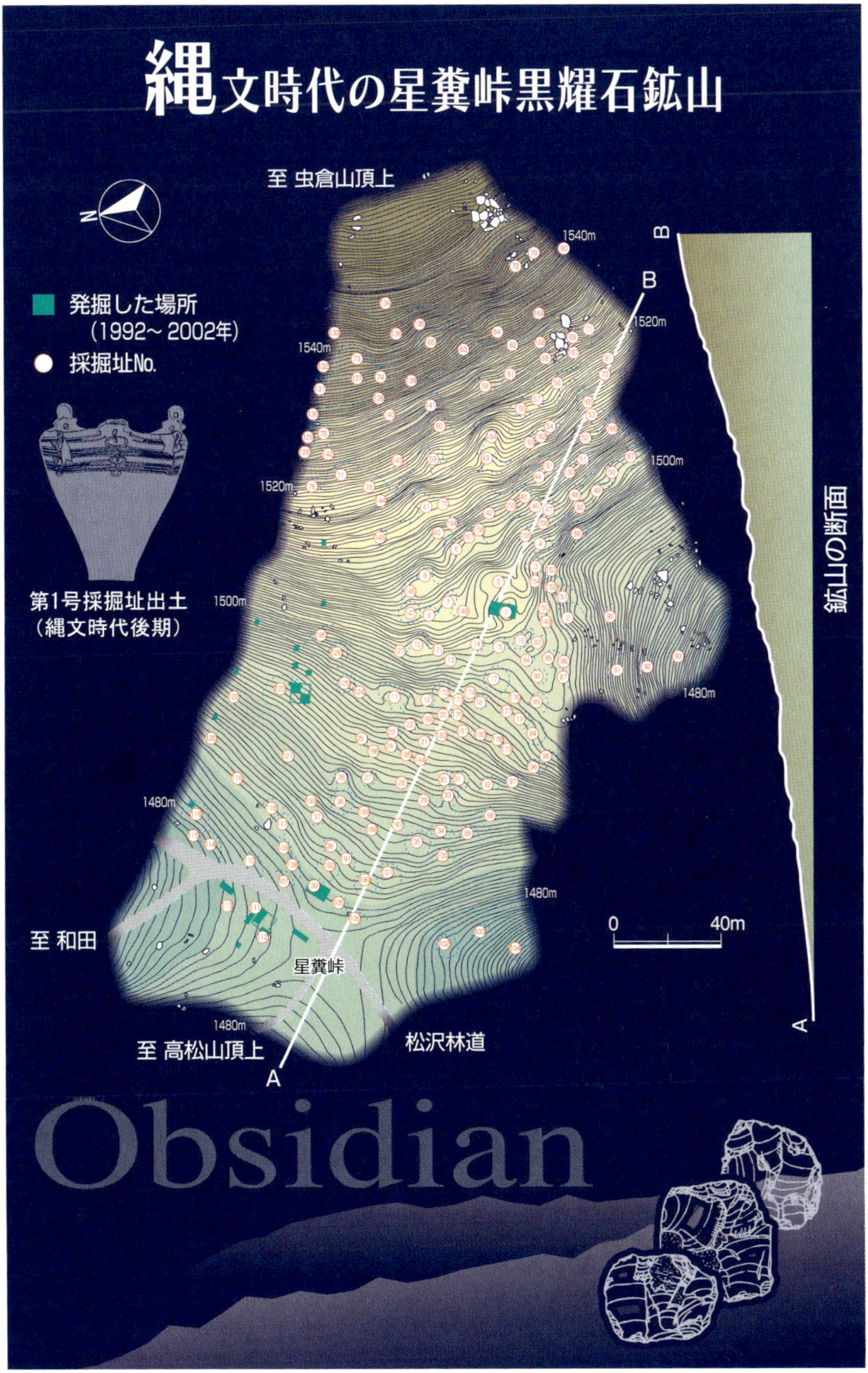
縄文時代の星糞峠黒耀石鉱山
至 虫倉山頂上
N
発掘した場所
(1992～2002年)
採掘址No.
第1号採掘址出土
(縄文時代後期)
1540m
1520m
1500m
1480m
B
A
鉱山の断面
0
40m
至 和田
星糞峠
至 高松山頂上
松沢林道
Obsidian

3　縄文時代の鷹山

採掘跡の地層

縄文人たちは深さ三メートルほどの穴を掘って、地下にねむる黒耀石を探した。

　星糞峠の平らな場所では、第一一一号採掘址の地下から四つの竪坑が発見されました。そこで、竪坑の形を立体的に観察するために、最後に掘り込まれた第〇一号竪坑の南半分を中心に発掘しました。発掘現場から剥ぎ取った実物の地層をミュージアムに展示してあります。

　竪坑を埋めている土の重なり方をみると、縄文人が掘った竪坑の順番や、どのように埋まっていったのかを知ることができます。

まず、黒と黄色の土が交互に入り混じるようにして積み重なっています。これは、周囲で掘り出された地表面近くの黒い土と、地下の深い所にあった黄色い土とが、この竪坑の中へと投げ込まれた様子を示しています。確認された四つの竪坑は、第〇一号竪坑が最も新しく、隣り合う第〇二号旧→第〇二号新→第〇三号の順番で竪坑が埋まった後

●ミュージアムに移設展示されている採掘坑。

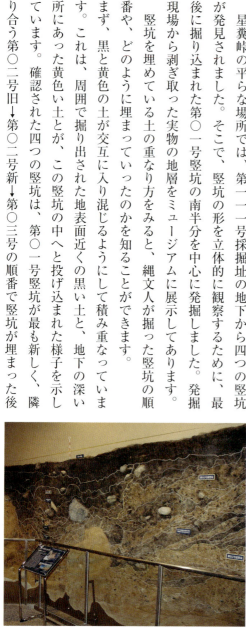

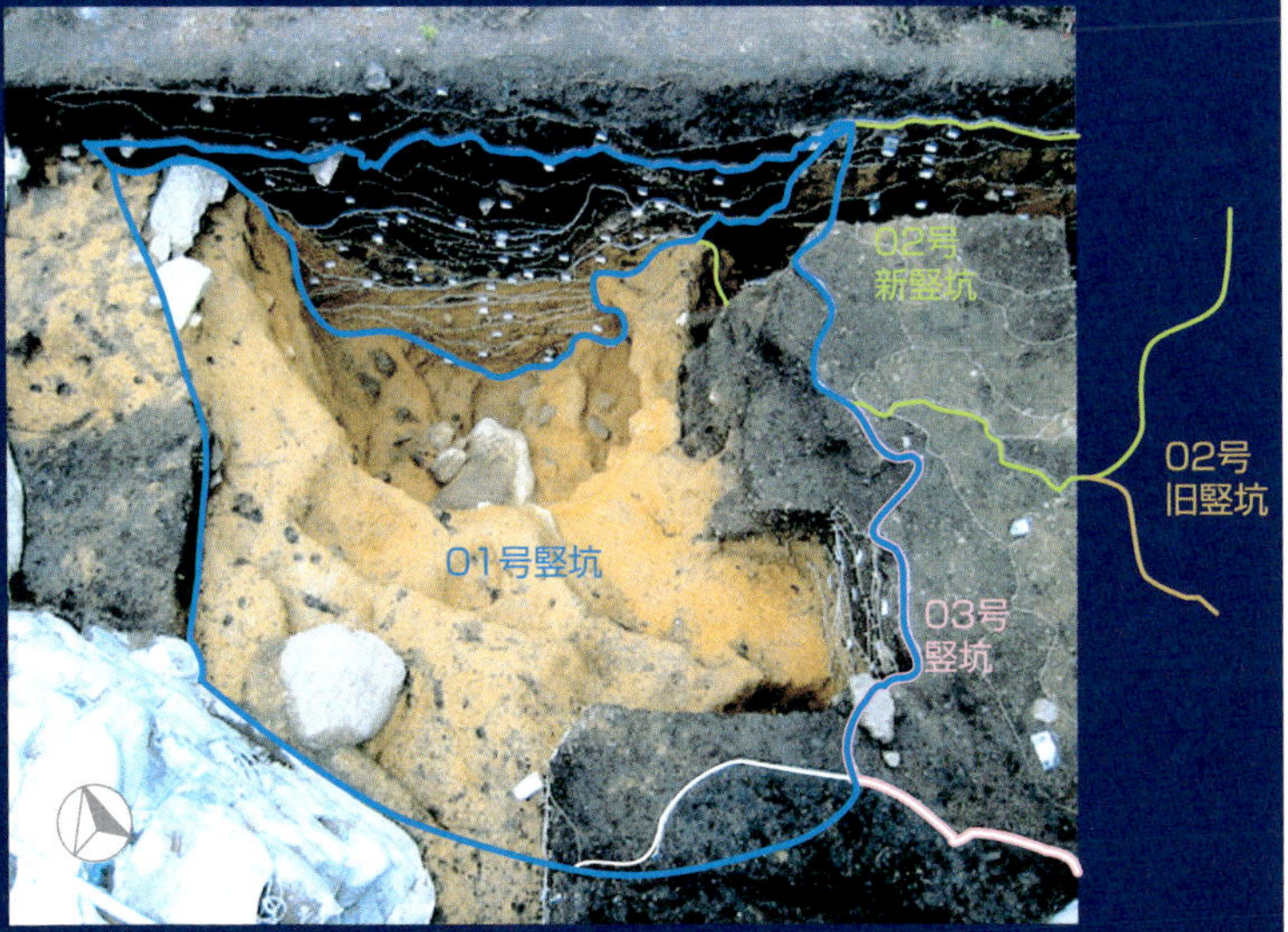

新 ↑ 旧
01号竪坑
03号竪坑
02号新竪坑
02号旧竪坑

0　1m

第01号、03号、02号新・旧竪坑の形（上から見た写真）

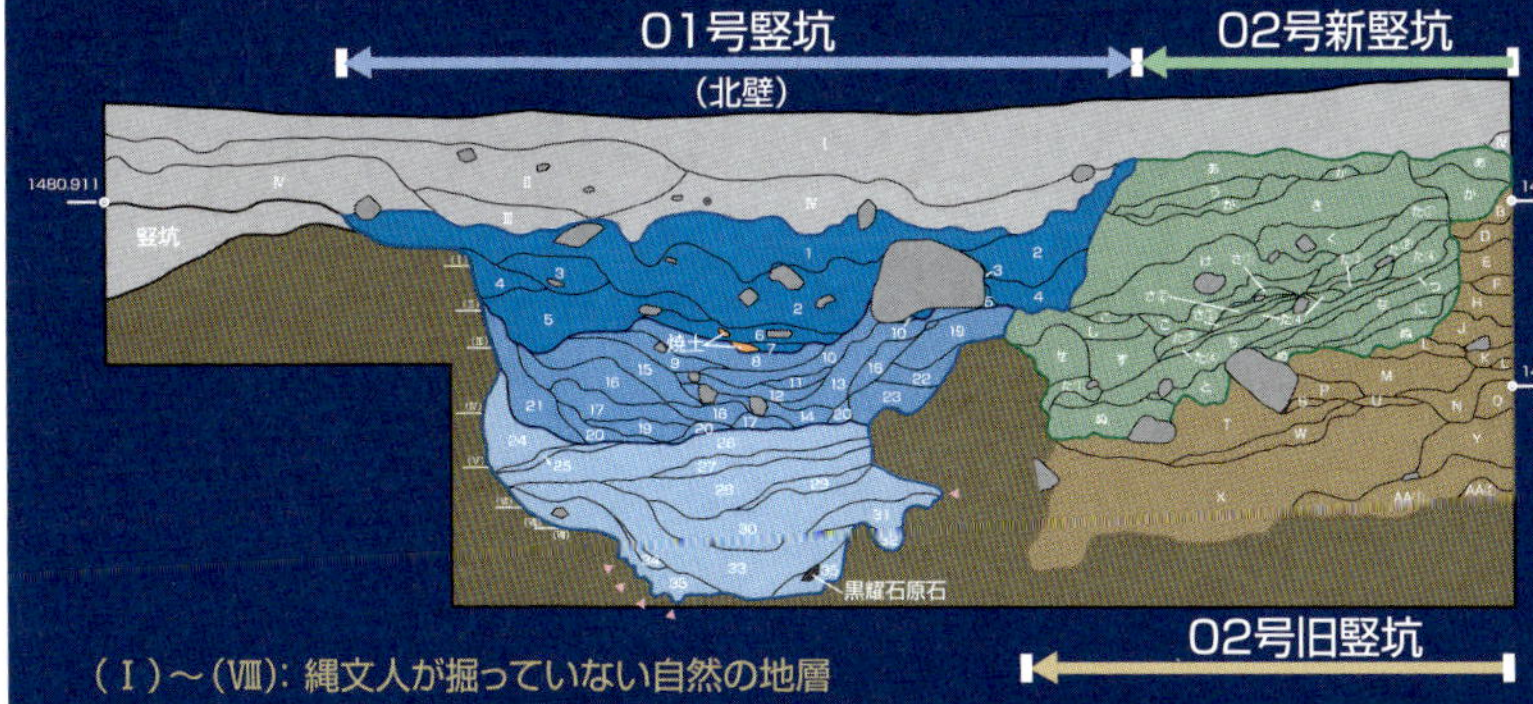

（Ⅰ）～（Ⅷ）：縄文人が掘っていない自然の地層
Ⅰ～Ⅳ　：一帯の竪坑を埋め尽くした共通の土
1～35　：01号竪坑を埋めた土
あ～ぬ　：02号新竪坑を埋めた土
A～AA②：02号旧竪坑を埋めた土
：焼土
▲　：採掘の工具痕？

0　1m

竪坑を埋める土層の断面図

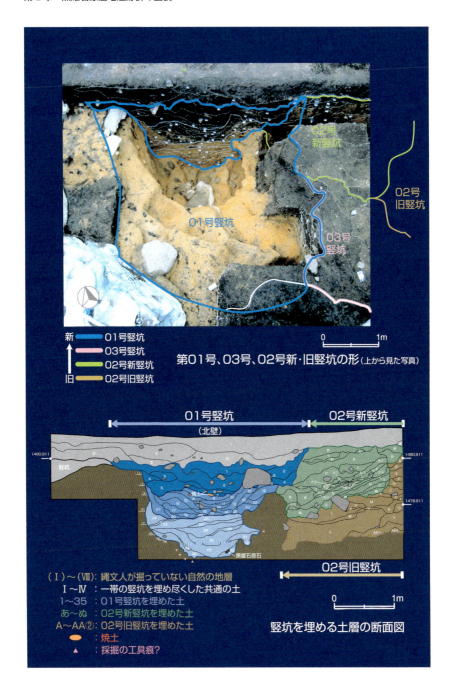

に、その一部を削るようにして掘り込まれています。

第〇一号竪坑そのものは、最後に掘り出された黄色い土が穴の中に戻されるようにして投げ込まれ、その後、およそ二度にわたり、周囲から流れ込んだ土によって埋まっていった様子がうかがえます。そして、その合間には、穴の中で火が焚かれ、その場所の土が赤く焼けていました。埋まりきらない穴を利用したのは、峠を吹きぬける強い風を避けるためでしょうか。いったい、何のために火を焚いたのでしょう。これらの竪坑からは、およそ七〇〇〇年前と一万年前の土器のかけらも発見されています。

竪坑の掘り方をみると、第〇一号竪坑では、足場を残すかのようにして階段状に掘り込んでいます。最後に大きな石につきあたったところでは、黒耀石を多く含む地層をねらって、横方向に掘っていた様子もうかがえます。わずかですが、縄文人の採掘が及んでいない採掘坑の壁や底の部分など、自然の地層が見えているところでは、握り拳や、大きなものでは大人の頭ほどある黒耀石の原石を発見することができます。しかし、その埋蔵量は、縄文人が隙間もなく掘り取ってしまったので正確にはわかっていません。

竪坑の周辺では、おびただしい量の細かな黒耀石の割りくずが、あたり一面に打ち捨てられていました。そして、黒耀石を割るときに使った台石《だいいし》や敲石《たたきいし》も多数発見されています。ここでは、掘り出した黒耀石の質を確かめるだけではなく、石器の素材となる剥片も打ち割っていた可能性があります。しかし、発見された石鏃は、わずかに二点のみで、石器づくりはそれぞれのムラに材料を持ち帰っておこなっていたと考えられます。

第01号竪坑での採掘のようす

縄文時代の採掘活動を復原する

左の風景は、星糞峠の北東側に続く虫倉山中腹の斜面で、縄文人が黒耀石を掘り出している様子を復原したものです。

縄文人は、地下に埋もれた黒耀石を多量に含む白い火山灰層を目指し、斜面の下から山頂に向かって、山肌を階段状に切り崩すように掘り進んでいきました。掘り出された土砂は斜面の下方や左右に投げ捨てられます。土手のように積みあげられた土砂の断面を見ると、最初に掘り捨てられた表面の黒い土の上に次に掘り出した黄色い土が、そして最後に掘り出された白い土がその上に重なり、自然の地層とは逆転している様子がわかります。また、採掘の位置が山頂側に移動するたびに新たな土砂の山ができ、現在の斜面一帯に残されている階段状の地形や土砂の山に囲まれたくぼみの地形がつくられていったようです。

大量の土砂を切り崩して運び出し、固くしまった粘土質の火山灰層の中から手ごろな大きさの黒耀石を手に入れるためには、最低でも四、五人の手は必要となるでしょう。また、周囲から発見された土器のカケラは、ここで調理をしながら数日程度の採掘をおこなっていた可能性を示しています。採掘の穴には、雨水などによってゆっくりと流れ込んだ土砂の沈殿層によって埋まったものもあります。掘りあげた穴をそのままにして、まわりに人がいなくなったのでしょうか。この一帯は標高一五〇〇メートルと、降雪量も多く、採掘のできる時期が限られていたと考えられます。

●虫倉山中腹の斜面における縄文時代の採掘活動を推定復原した模型。

星糞峠　黒耀石鉱山調査日記

Obsidian

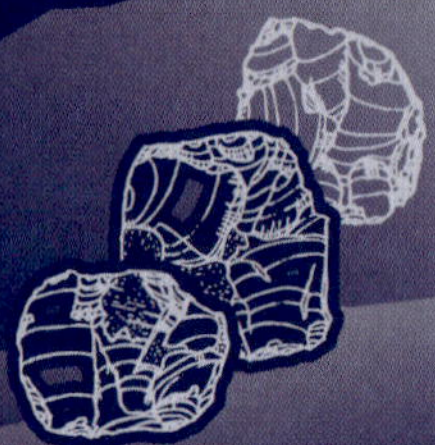

❶一九五カ所でくぼみを発見

地表面で観察できたくぼみを「採掘址」、その地下に埋もれている井戸のように深い採掘の穴を「竪坑」という名前でよんでいます。（一九九九年）

❷峠の平坦部で発見された石器の工房跡

峠の平らな場所から黒耀石の割りくずと黒耀石を打ち割るための道具（敲石・多孔台石）がまとまって発見され、その周囲から縄文時代草創期（一万年前）の土器がたくさん出土しました。写真右側の第一号遺構の中央には、火を焚いて赤く焼けた跡が残っていました。浅く掘り込んだ採掘の穴を滞在中の住居として利用したものと考えられます。（一九九五年）

❸峠の平坦部で竪坑を発見

第一一一号採掘址でも、第一号採掘址と同じ大きさの竪坑が発見されました。竪坑の時期については、まだ結論が出ていませんが、周囲で発見された工房跡や浅い掘り込みの採掘の穴より新しい時期のものと考えられます。（一九九五年）

❶

❷

❸

❹

④重なり合うようにして掘り込まれた竪坑

第三九号採掘址では、複雑に重なり合う七つの竪坑が発見されました。それぞれの竪坑は、一度埋まった古い竪坑の一部を掘り返しながら、黒耀石を含む黄色い土を探すようにして掘り進んでいます。また、底の付近では、小さな穴を掘って、黒耀石の出る深さを確かめていたようです。（一九九六年）

⑤第一号採掘址の発掘調査

第一号採掘址付近では縄文時代早期（七〇〇〇年前）から黒耀石の採掘がはじまり、その後、縄文時代後期（三五〇〇年前）に同じ場所で採掘が再開されたことが、二〇〇七年の調査でわかってきました。

また、厚く積み重なった地層の断面では、掘り捨てられた土砂に埋もれた採掘当時の地面が数枚確認され、採掘活動が複数回にわたっておこなわれていたことも判明しました。そして、五メートル下の火砕流の上面からは、縄文時代後期の土砂崩れ防止の木柵も発見されています。（二〇一二年）

⑤雨水による沈殿層で埋もれた竪坑

⑤黒耀石を含む白色火山灰層を階段状に掘り進む

⑤地下5mに埋もれていた縄文時代の木柵

⑤発見された縄文時代の地面に立って

火砕流のなかの黒耀石

星糞峠の黒耀石鉱山では、地下に堆積する白色の火山灰層にふくまれる黒耀石の原石を採掘していることが発掘調査でわかりました。

この白色の火山灰層中には砂粒から大人の頭ほどの大きさの黒耀石が軽石などと一緒に含まれており、火山の研究者によると火砕流起源の火山灰層であるとのことです。鉱山の発見当初は、背後の虫倉山の噴火によってできた黒耀石を採掘していたと考えられていました。

しかし、地層中の黒耀石ができた年代や成分の特徴は和田峠の黒耀石とよく似ており、和田峠の噴火にともなう火砕流が星糞峠まで流れてきたと考えられるようになりました。

写真は、和田峠のふもとの三の又沢で発見された火砕流の地層です。火砕流の流れる方向は地層の傾きから星糞峠に向かっています。また、軽石をふくむ地層の特徴も星糞峠の地層とよく似ています。

●和田峠のふもと三の又沢で発見された黒耀石を含む白い火砕流
大小さまざまな黒耀石の原石が帯状に見える。

遺跡を発見する

遺跡のほとんどは地下に埋もれていますが、畑の開墾やさまざまな理由で、土器や石器（遺物《いぶつ》）が地表面に浮いて発見されることがあります。遺跡を探すためには、まず、日当たりが良く、水辺に近い高台などの住みやすい地形を選んで遺物を探し、つぎにその地下にイエやお墓の穴などの施設（遺構《いこう》）があるかどうかを確かめます。

このさまざまな遺構は、地表面より下の地層を掘り込んでつくられることが多く、埋まるときに、地表面の黒い土が穴の中に入り込みます。そのために、当時の地表面よりも、ある程度の深さまでていねいに掘り下げていくと、それぞれの遺構の形がシミのようになって発見されます（図のａ）。遺跡の場所やその範囲は、このイエの跡などを探すことによって決定されます。そして、移動生活のため、イエの跡が残りにくい旧石器時代のムラ跡は、石器をつくっていた痕跡（ブロック）を探すことによって、その範囲を判断しています。

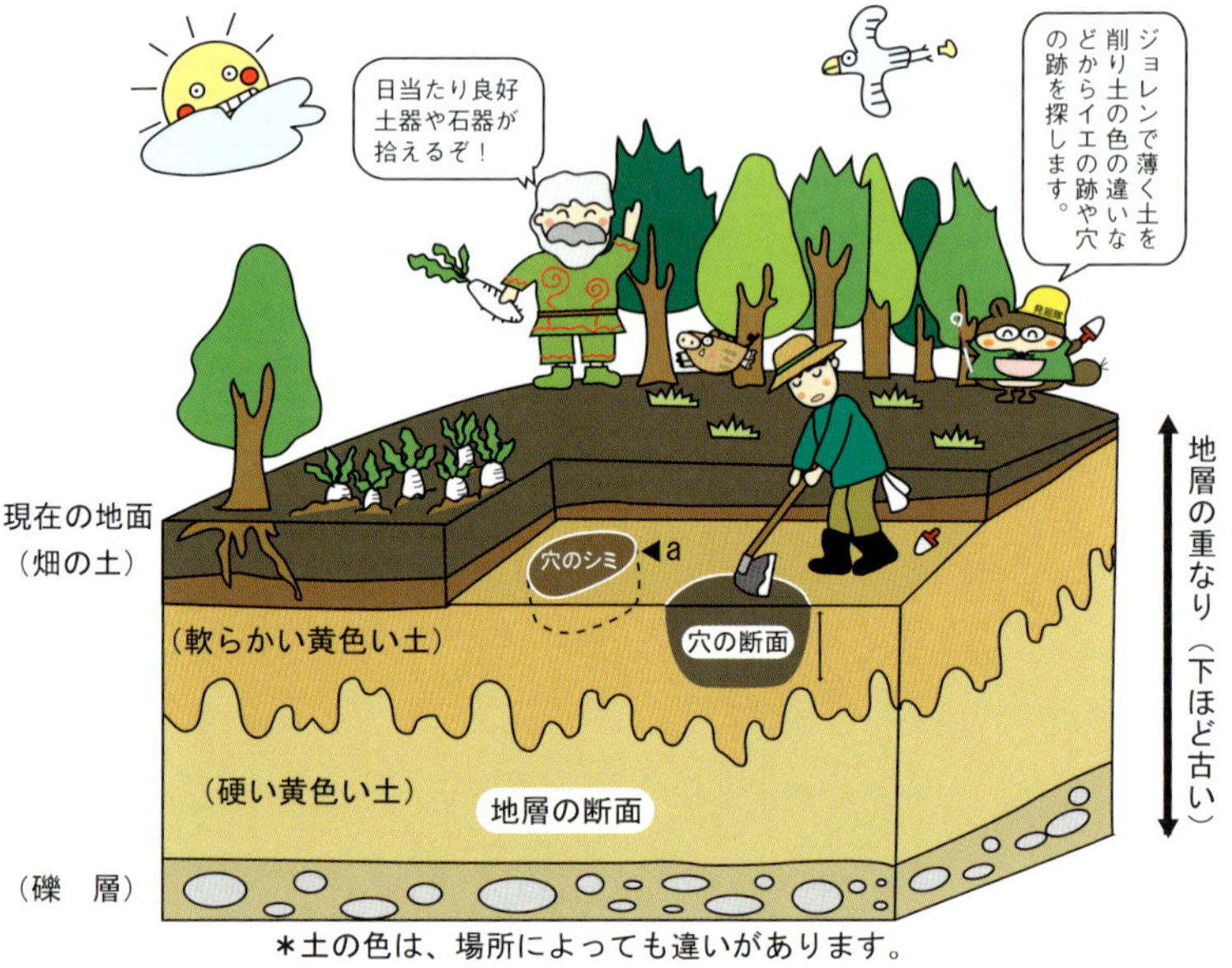

＊土の色は、場所によっても違いがあります。

第3章　石器づくりと流通

1　道具からくらしを考える
2　旧石器時代の石器づくりと流通
3　縄文時代の石器づくりと流通

くらしと道具

寒さの厳しい旧石器時代から温暖な縄文時代へ、地球環境の変化に応じて人びとはくらしを変えてきた。

寒さの厳しい旧石器時代の人びとは、大きな動物の群れや石器の原料を求めて、たびたび住む場所を変え、キャンプのような生活を送っていました。ナウマンゾウやオオツノジカといった大型動物を突き刺す石槍などの狩りの道具を中心として、さまざまな用途に使い分けることのできる最小限の種類の道具を持ち運んでいたようです。

一方、気候の暖かい縄文時代になると、食べ物がたくさん手に入る森の近くに竪穴式の家を建て、一カ所に落ち着いてくらすようになります。そして、この環境や生活の変化にともなって、新しい道具が発明され、用途ごとにその種類も増えていきました。

逃げ足の早い小型の動物や空を飛ぶ鳥を捕まえるために、狩りの道具として、飛び道具の弓矢が発明されます。また、家を建てるための太い木を切り倒す斧《おの》が発達し、地面を掘る道具や、木の実などをすりつぶす調理用の道具もつくられるようになります。この調理用の道具として、煮炊きやアク抜きができる土器が加わり、より豊かな食生活が保障されるようになりました。

●**旧石器時代のくらし**（鷹山川上流域）

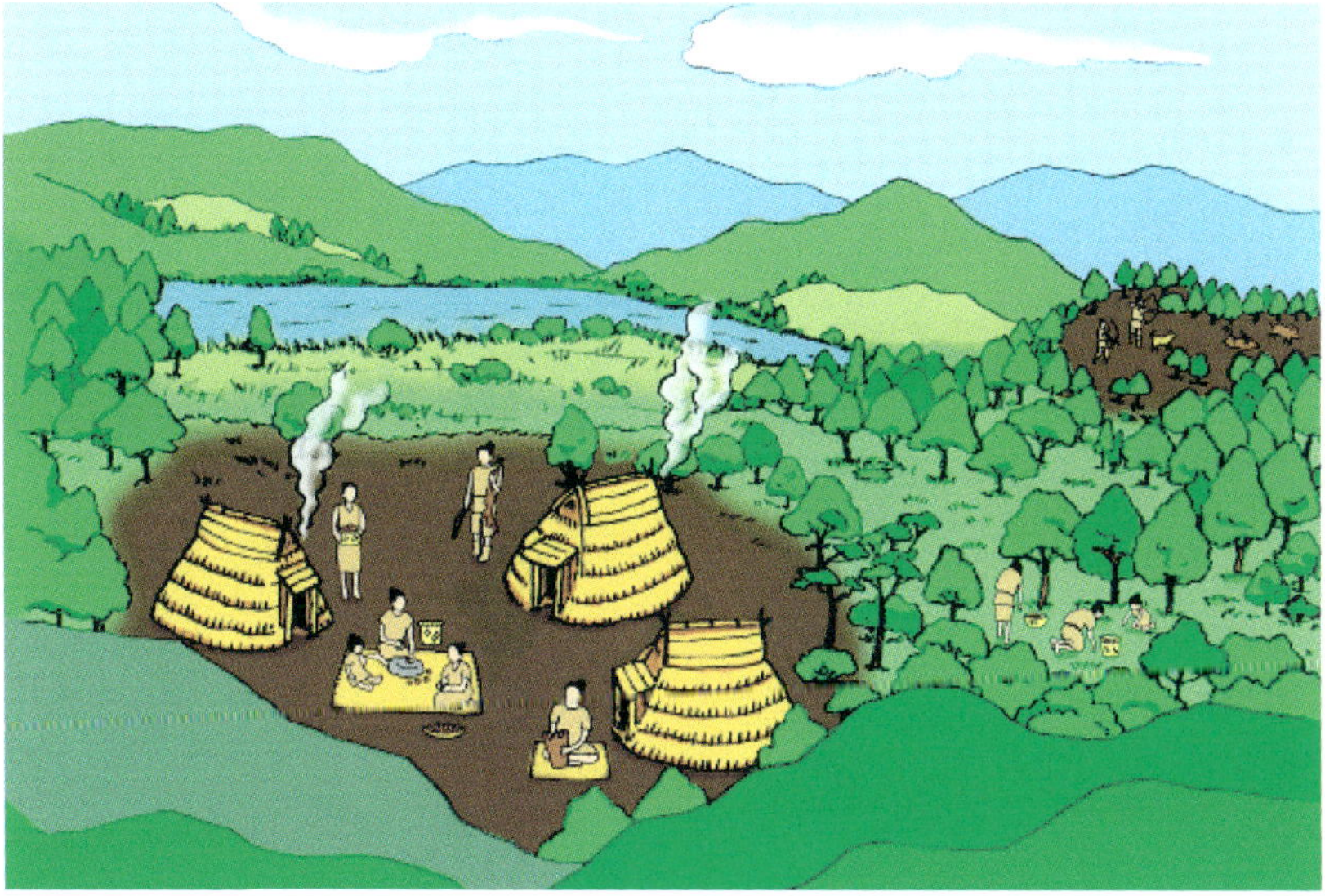

●**縄文時代のくらし**（依田川中流域）
曲げられた弓と張りつめた弦とが引き合う力を利用して、すばやく遠くの獲物を射止める弓矢。土と水を練ってつくった粘土を焼いて化学変化をおこし、煮炊きや貯水を可能とした縄文土器。この２つの道具の発明によって、たくさんの種類の食糧を獲得し、消化良く食べられるようになった。

石器時代の道具箱

ものを切る・削る・刺す・穴をあける……
第二の手となって活躍する道具はすでに数万年前に発明されていた。

金属が知られていなかった旧石器時代や縄文時代には、石を材料とした石器、木を材料とした木器《もっき》、動物の骨や角・牙を材料とする骨角器《こっかくき》が使われていました。また、粘土からつくる土器が縄文時代に発明されました。湿度の高い日本列島では、木器や骨角器は腐りやすいため、ほんの一部しか残っていません。しかし、残っている石器から、現在の私たちがふだん使っている基本的な道具は、すでに旧石器時代に発明され、縄文時代には生活の必需品として出そろっていたことがわかります。それぞれの道具の役割とつくり方をみると、切れ味の鋭い刃先が必要とされる道具には天然ガラスの黒耀石がさかんに利用され、木を切り倒す斧には硬くて衝撃に強い蛇紋岩《じゃもんがん》などが利用されるというように、用途によって材質の選択や工夫があったことがわかります。また、斧の刃先は、切り口から木が倒れやすいように、断面が膨らむ両刃に仕立てられており、道具の機能を十分に考えたつくり方をしています。現在の道具の基本的な形態は、このころに考えられたものでした。

狩　猟　具

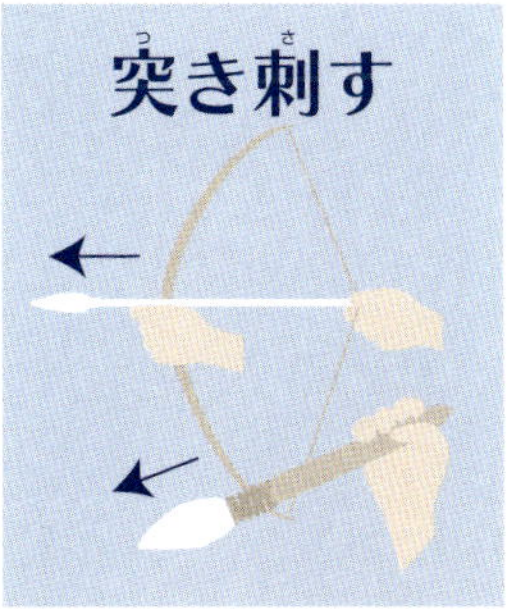

旧石器時代

上段　ナイフ形石器
鷹山第Ⅰ遺跡S地点

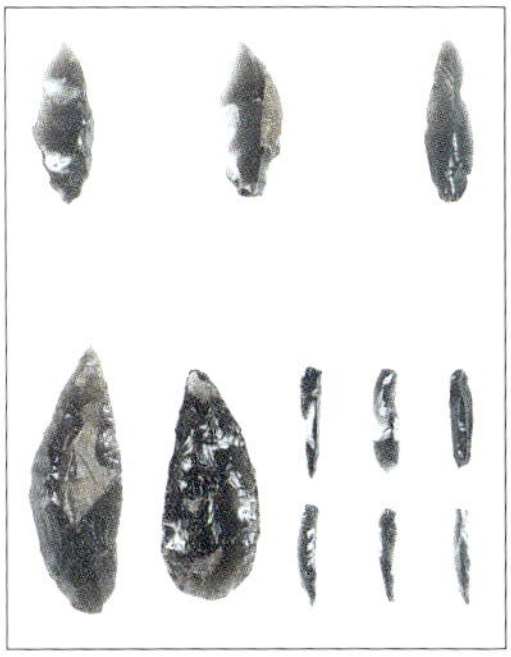

下段
槍先形尖頭器　（やりさきがたせんとうき）　鷹山第Ⅰ遺跡S地点
細石刃　（さいせきじん）　博物館復原製作
S＝約1/4（以下表示なき場合は同）

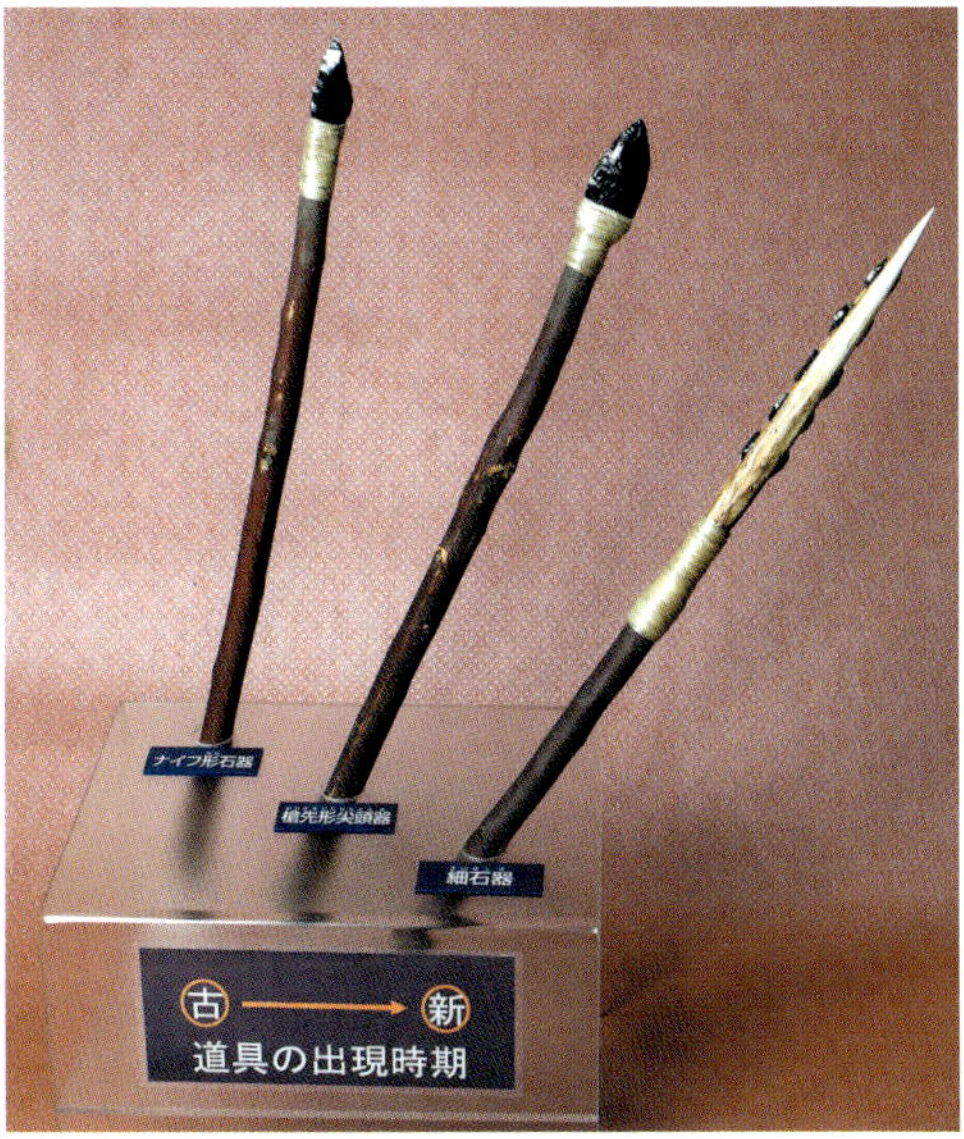

縄文時代

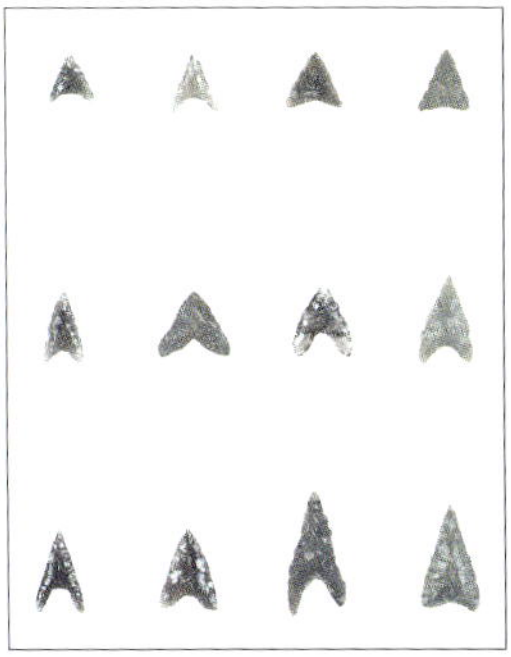

石鏃
明神原（みょうじんばら）遺跡

● **狩猟の石器の変遷**
旧石器時代には、柄の先に鋭い先端と刃をもつ石器を装着した石槍が代表的な狩りの道具として使われていた。この槍先に用いられた石器には、古い方から、ナイフ形石器→槍先形尖頭器→細石器が順番に登場する。

縄文時代になると、狩りの道具の中心は弓矢になり、矢の先に石鏃が装着されるようになった。

● **ナイフ形石器**
薄い剥片の縁辺をそのまま道具の刃として活かし、柄に装着する部分や全体の形は、縁辺を折り取ったり、潰すようにして整えられた石器を、素材の特徴から「ナイフ形石器」と呼んでいる。先端の尖った柳の葉のような形をしたものは、柄の先につけられ、石槍として使われた。

工　具　類

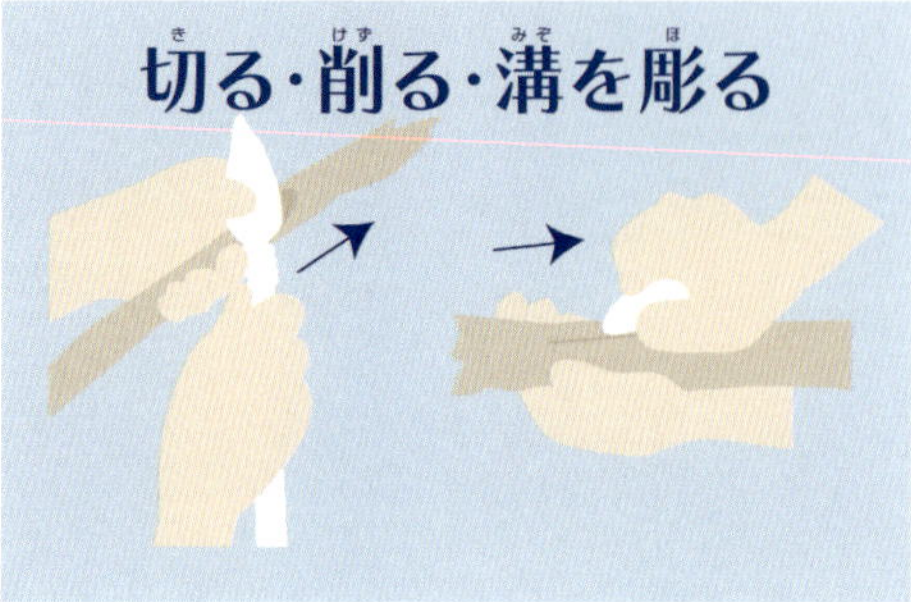

旧石器時代

彫器（ちょうき）
鷹山第Ⅰ遺跡S地点、追分遺跡第３文化層

削器（さっき）
鷹山第Ⅰ遺跡S地点、追分遺跡第３文化層

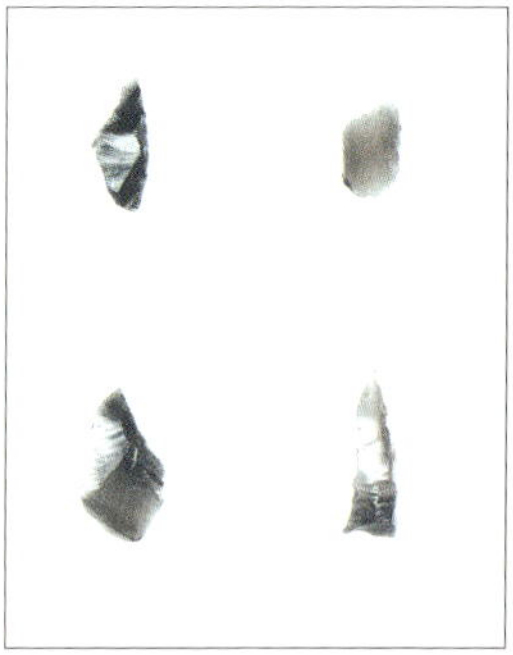

ナイフ形石器（ないふがたせっき）
鷹山第Ⅰ遺跡S地点

縄文時代

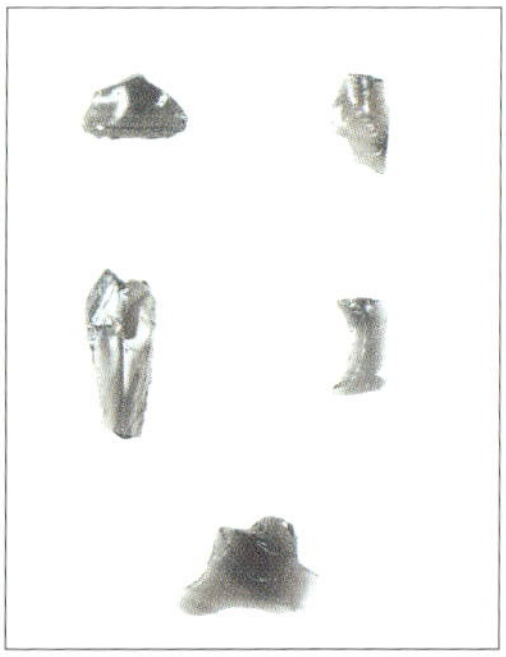

刃器（じんき）
明神原・六反田遺跡

削器
明神原・六反田遺跡

石匙（いしさじ）
明神原・六反田（ろくたんだ）遺跡

工　具　類

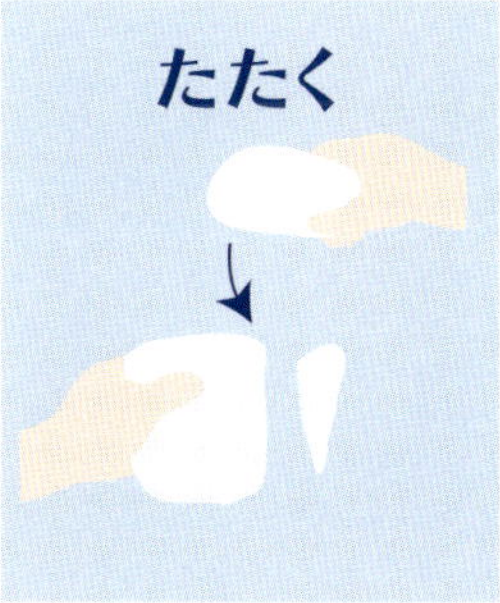

敲石（たたきいし）
追分遺跡第５・第３文化層

楔形石器（くさびがたせっき）
追分遺跡第４文化層

揉錐器（もみきりき）
追分遺跡第３・第４文化層

敲石
明神原遺跡

楔形石器
明神原遺跡

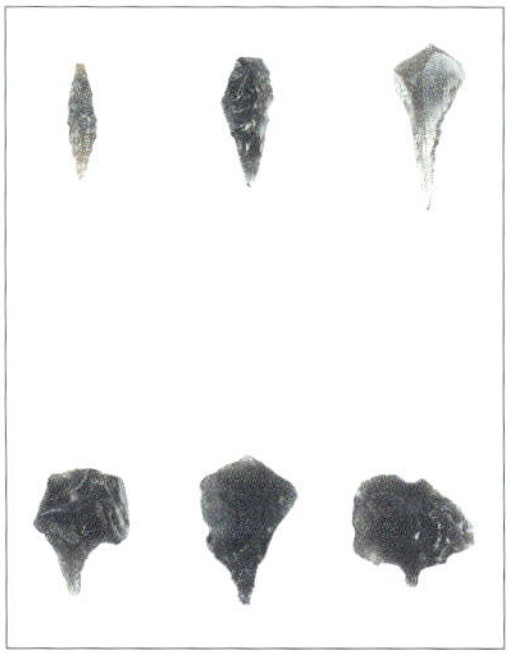

石錐（せきすい）
明神原遺跡

工　具　類

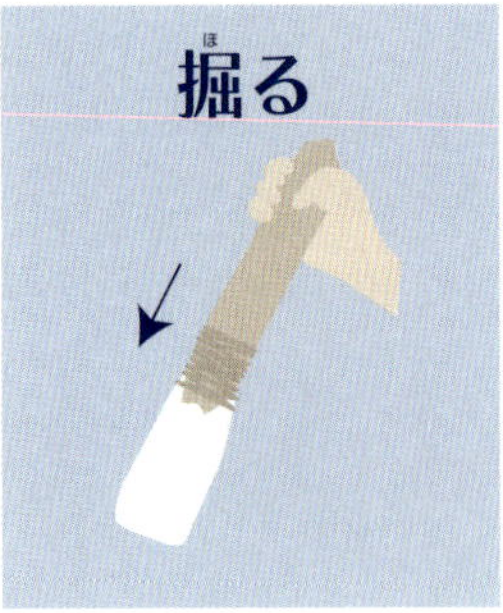

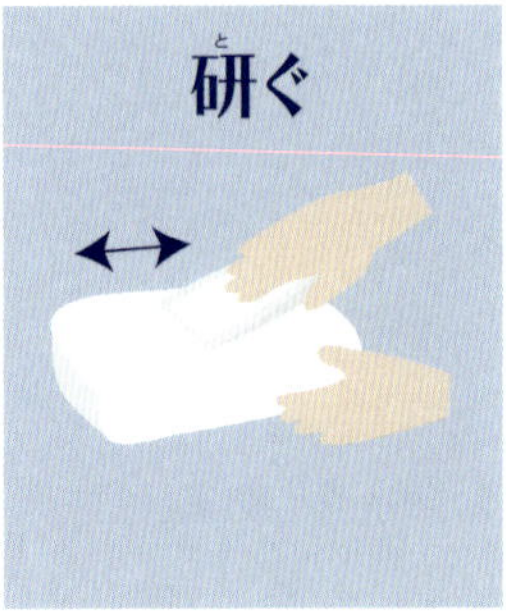

旧石器時代

磨製石斧（ませいせきふ）
信濃町貫ノ木遺跡（長野県立歴史館）

砥石（といし）
信濃町貫ノ木遺跡（長野県立歴史館）

縄文時代

打製石斧（だせいせきふ）
明神原遺跡

磨製石斧
明神原遺跡　S＝約1/6

砥石
明神原遺跡　S＝約1/5

調　理　具

すり潰《つぶ》す

掻《か》きとる

切《き》る

掻器（そうき）
鷹山第Ⅰ遺跡Ｓ地点

ナイフ形石器
鷹山第Ⅰ遺跡Ｓ地点
削器
追分遺跡第３文化層

磨石・凹石
（すりいし・くぼみいし）
明神原遺跡

石皿（いしざら）
六反田遺跡
Ｓ＝約1/7

石匙
明神原遺跡

掻器
明神原遺跡

石匙
明神原遺跡

削器
明神原遺跡

旧石器時代の石器づくり

原産地の鷹山では時期や石器の種類によって、原料となった黒耀石の大きさやつくり方に違いがみられる。

旧石器時代の人びとは、生活に必要な道具を補充しながら移動生活を送っていました。そのなかで、黒耀石がたくさん手に入る原産地の鷹山へはひんぱんに人びとが訪れ、加工した石器を各地へ送り出す工場のようなムラがつくられるようになっていきます。そこからは、石器をつくったときに出たおびただしい量の割りくずや、つくりかけの石器などが発見されます。

旧石器時代の代表的な石器づくりは、まず、原石を川原の石などでたたいて形の整った薄い剥片を剥がし取り、その剥片を素材として細かな加工を加え、目的とする石器（道具）の形に整えていくという手順をとります。発見された石器や割りくずなどが、この手順のどの段階に産み出されたものかをくわしく調べていくと、石器のつくり方や原料となった黒耀石の大きさ、そして、遺跡から何が持ち出されていたかを復原することができます。

鷹山遺跡群では、どんな石器づくりがくり広げられていたのでしょうか。その様子をくわしく見てみましょう。

旧石器時代の石器製作技術

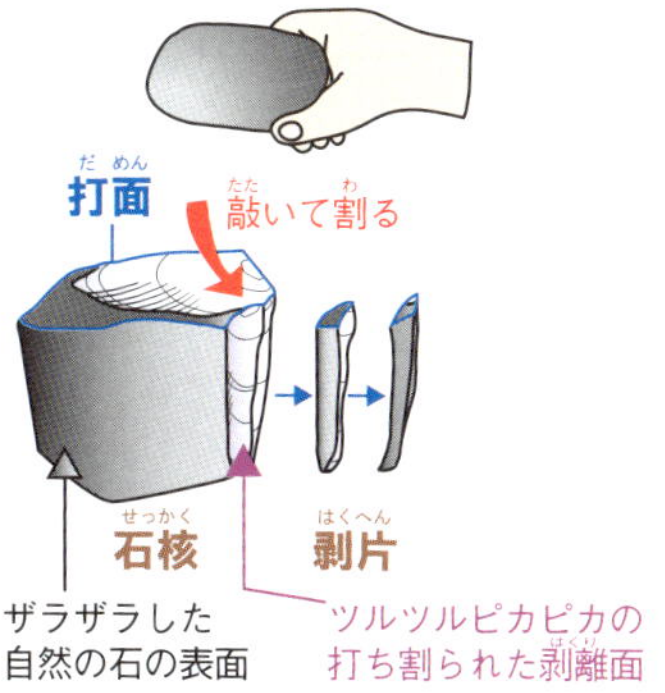
打面《だめん》
敲《たた》いて割《わ》る
石核《せっかく》
剥片《はくへん》
ザラザラした
自然の石の表面
ツルツルピカピカの
打ち割られた剥離《はくり》面

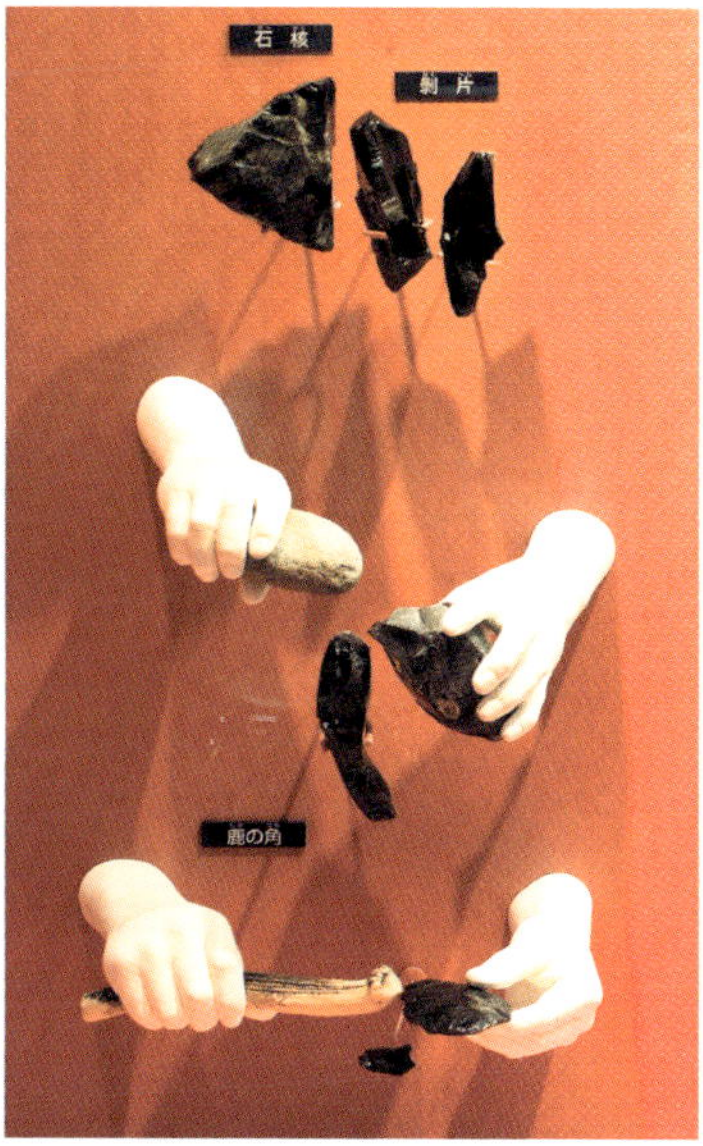
石 核
剥 片
鹿の角

●石の割り方

●石核から石器の素材（剥片）を打ち剥がす
人間の手が加わっていない自然のままの石の塊を「原石」、剥片を剥がしはじめた塊を「石核」とよぶ。旧石器時代の人たちは、形のそろった剥片を取りやすくするために、石核自体の形を丹念に割り整えた。

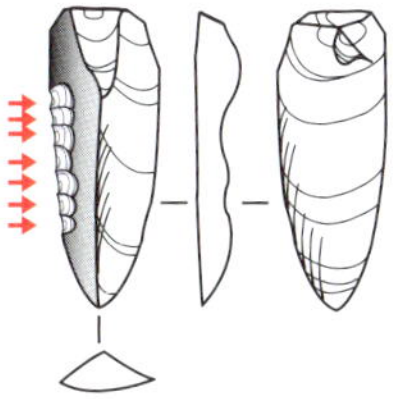

●素材から石器をつくる
剥片を細かく打ち割って、最終的な石器の形に仕上げる。

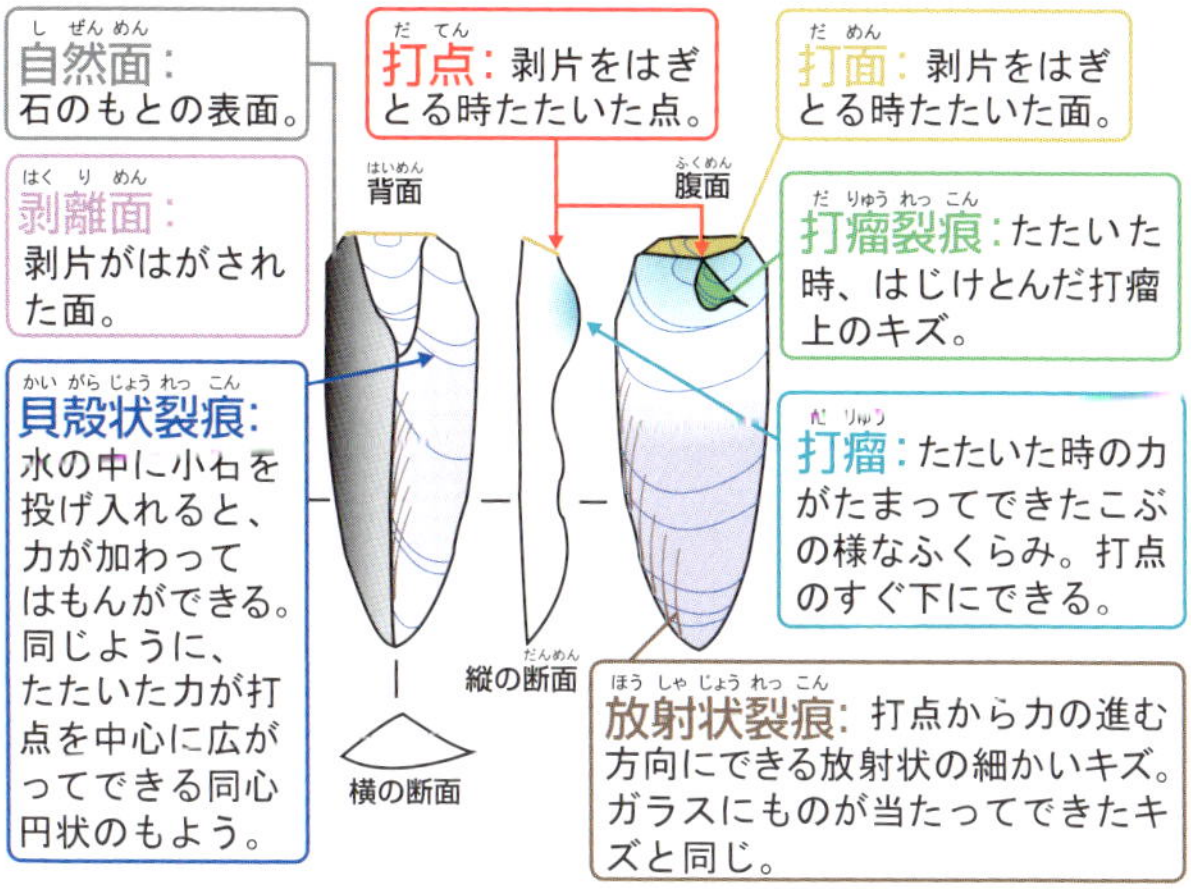
自然面《しぜんめん》：
石のもとの表面。
剥離面《はくりめん》：
剥片がはがされた面。
貝殻状裂痕《かいがらじょうれっこん》：
水の中に小石を投げ入れると、力が加わってはもんができる。同じように、たたいた力が打点を中心に広がってできる同心円状のもよう。
打点《だてん》：剥片をはぎとる時たたいた点。
背面《はいめん》
腹面《ふくめん》
縦の断面《だんめん》
横の断面
打面《だめん》：剥片をはぎとる時たたいた面。
打瘤裂痕《だりゅうれっこん》：たたいた時、はじけとんだ打瘤上のキズ。
打瘤《だりゅう》：たたいた時の力がたまってできたこぶの様なふくらみ。打点のすぐ下にできる。
放射状裂痕《ほうしゃじょうれっこん》：打点から力の進む方向にできる放射状の細かいキズ。ガラスにものが当たってできたキズと同じ。

●剥片の特徴

石器づくりの手順と原産地から持ち運ばれていったもの

石核《せっかく》·石器の原型《げんけい》をつくる

石器の素材《そざい》となる薄《うす》いかけらの剝片《はくへん》をとるために、原石を打ち割って石核《せっかく》をつくります。槍先《やりさき》形尖頭器《がたせんとうき》（石槍《いしやり》）は原石そのものを利用してつくられるものもあり、それらの材料は、まず、大きさを整えるようにあらく打ち割られていきます。

原石《げんせき》を選ぶ

鷹山では石器の種類によって選ばれた原石の大きさに違いがありました。次第《しだい》に小さなものに変わっていったのは、拾うことのできる黒耀石の大きさと量にも関係がありそうです。

ナイフ形石器の頃（鷹山第Ⅰ遺跡M地点）

石　核

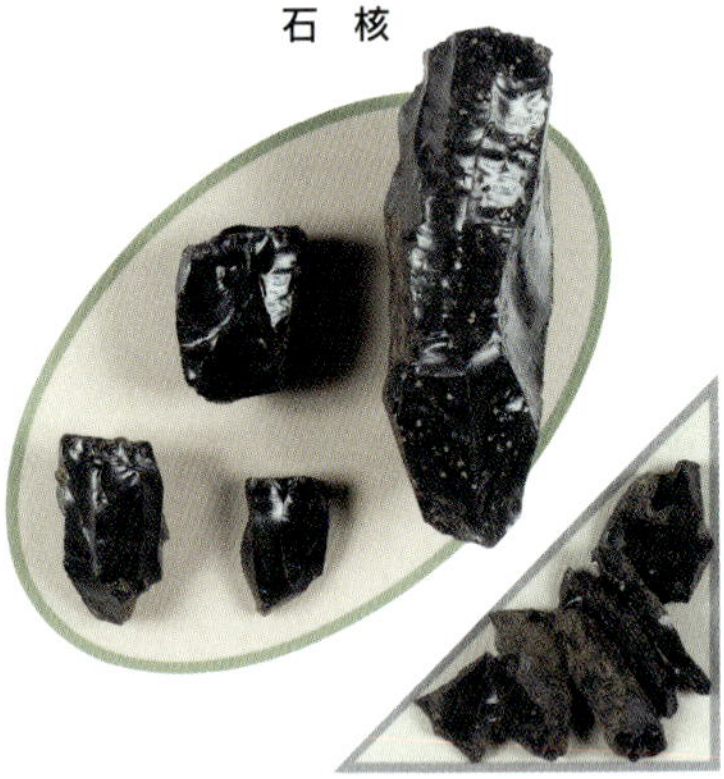

砕　片（さいへん）
（＝打ち捨てられた割くず）

原　石

槍先形尖頭器の頃（鷹山第Ⅰ遺跡Ｓ地点）

石　核

砕　片

原　石

石器づくりの手順と原産地から持ち運ばれていったもの

石器の形を整《ととの》える

素材《そざい》の縁《ふち》の部分が細かく割られ、ナイフ形《がた》石器や槍先形尖頭器《やりさきがたせんとうき》の形が完成します。他の種類の石器も、共通する素材を使ってつくり分けられているのが特徴的《とくちょうてき》です。

◀ 石器の素材《そざい》をつくる

形の整《ととの》った石核《せっかく》から石器の素材《そざい》となる剝片《はくへん》を連続して打ち剝《は》がします。原石そのものを素材とする槍先形尖頭器《やりさきがたせんとうき》は、裏・表の両面から打ち割られ、薄い木の葉のような形に整えられていきます。

ナイフ形石器

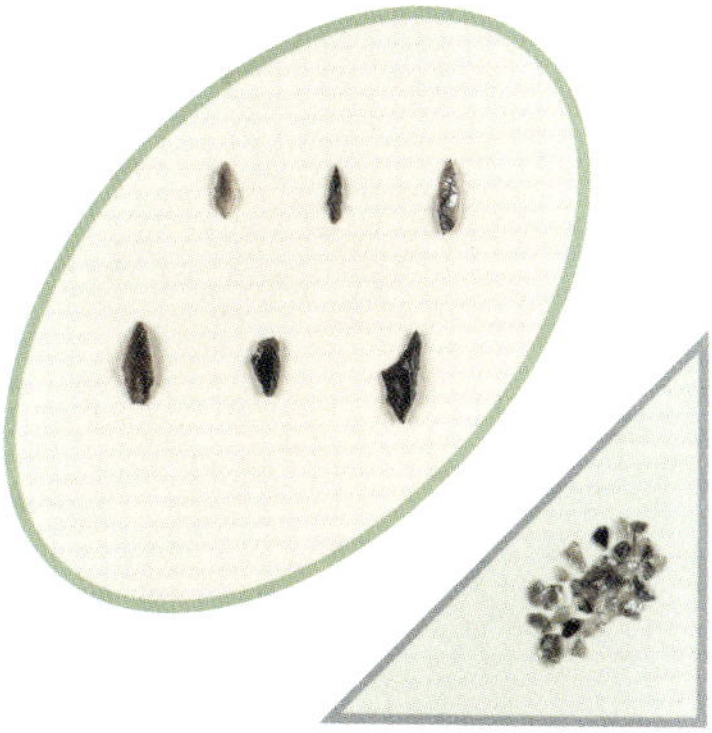

砕　片

↑石器の素材を輸出する

形の整った剝片

砕　片

↑石器を輸出する

槍先形尖頭器

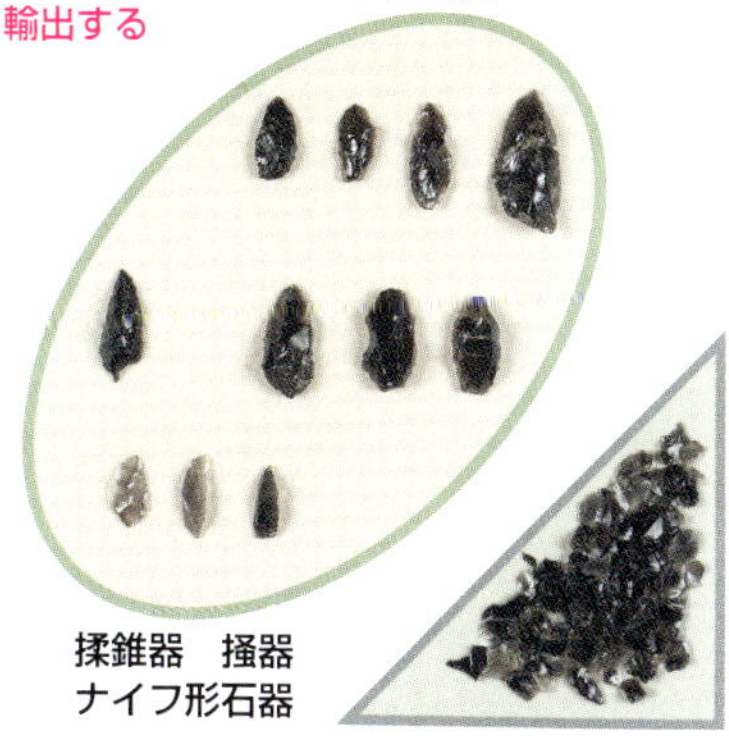

揉錐器　掻器
ナイフ形石器

砕　片

槍先形尖頭器の未製品

砕　片

石器づくりのブロック

原産地の遺跡と原産地から遠く離れた地域の遺跡とでは、石器づくりの規模や内容に違いがみられる。

旧石器時代の遺跡を発掘すると、石器づくりをしていた場所を中心として、直径数メートルの範囲に石器の原料や割りくずなどがまとまって発見されます。この出土した石器のまとまりを「ブロック」とよんでいます。このブロックの規模や、石器の種類を比較することによって、それぞれの遺跡で、どんな石器づくりがおこなわれていたかを知ることができます。

鷹山第Ⅰ遺跡S地点では、直径一六メートルを超える大きなブロックから、黒耀石の石槍（槍先形尖頭器）と石器づくりの割りくずなど、計一万七五一五点が発見されました。

一方、黒耀石の原産地からおよそ九〇キロ離れたところにある、野尻湖周辺（信濃町）の貫《かん》ノ《の》木《き》遺跡H２地点の二〇四五号ブロックでは、直径六メートルほどのブロックから六九七点の石器類が発見されました。しかし、黒耀石でつくられたものは、三点の石槍と石槍の形を整えるときに打ち捨てられた四一点の割りくずのみでした。

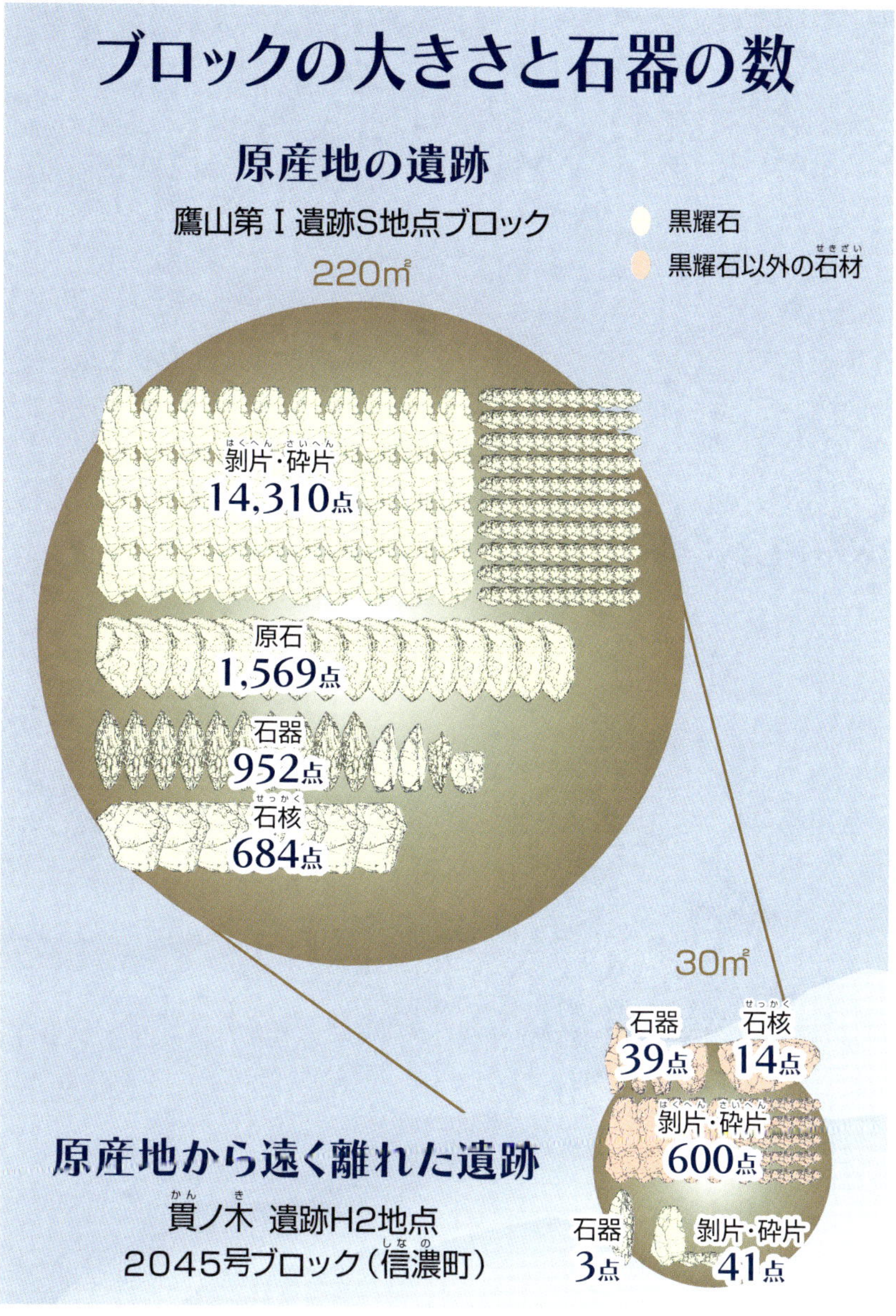

●鷹山第Ⅰ遺跡Ｓ地点で発見されたブロックの大きさは、原料の豊富な原産地でさかんに石器づくりがおこなわれていたことを示している。
一方、貫ノ木遺跡で発見された黒耀石は、その成分から霧ヶ峰産の黒耀石であることがわかっている。原産地である程度加工されたものが、貫ノ木遺跡へ持ち込まれたのではないだろうか。

旧石器時代の流通

長野県産の黒耀石は、山を越え、川に沿って、関東地方に運ばれていった。

星糞峠以外の原産地の近くでも、鷹山遺跡群のようにたくさんの石器をつくり出していた大きな遺跡群がいくつも発見されています。それぞれの原産地・遺跡群から持ち出されていった黒耀石の原石や石器は、どこまで運ばれていったのでしょうか。

全国の遺跡から発見された黒耀石の石器が、どの原産地のものかを科学的に分析する方法や、共通する石器の形やつくり方の特徴を手がかりとして、黒耀石の流通の様子を調べる研究が進められています。

関東地方では、遺跡から発見された黒耀石の成分を比較して、その産地を調べる研究がさかんにおこなわれてきました。それによると、地域や時期によって差がありますが、これまでに調べられた事例では、黒耀石の半分近くが長野県産のものであったことがわかっています。また、黒耀石が使われていた遺跡の分布を調べていくと、当時の人びとが黒耀石を持ち運んだみち筋を推定することができます。

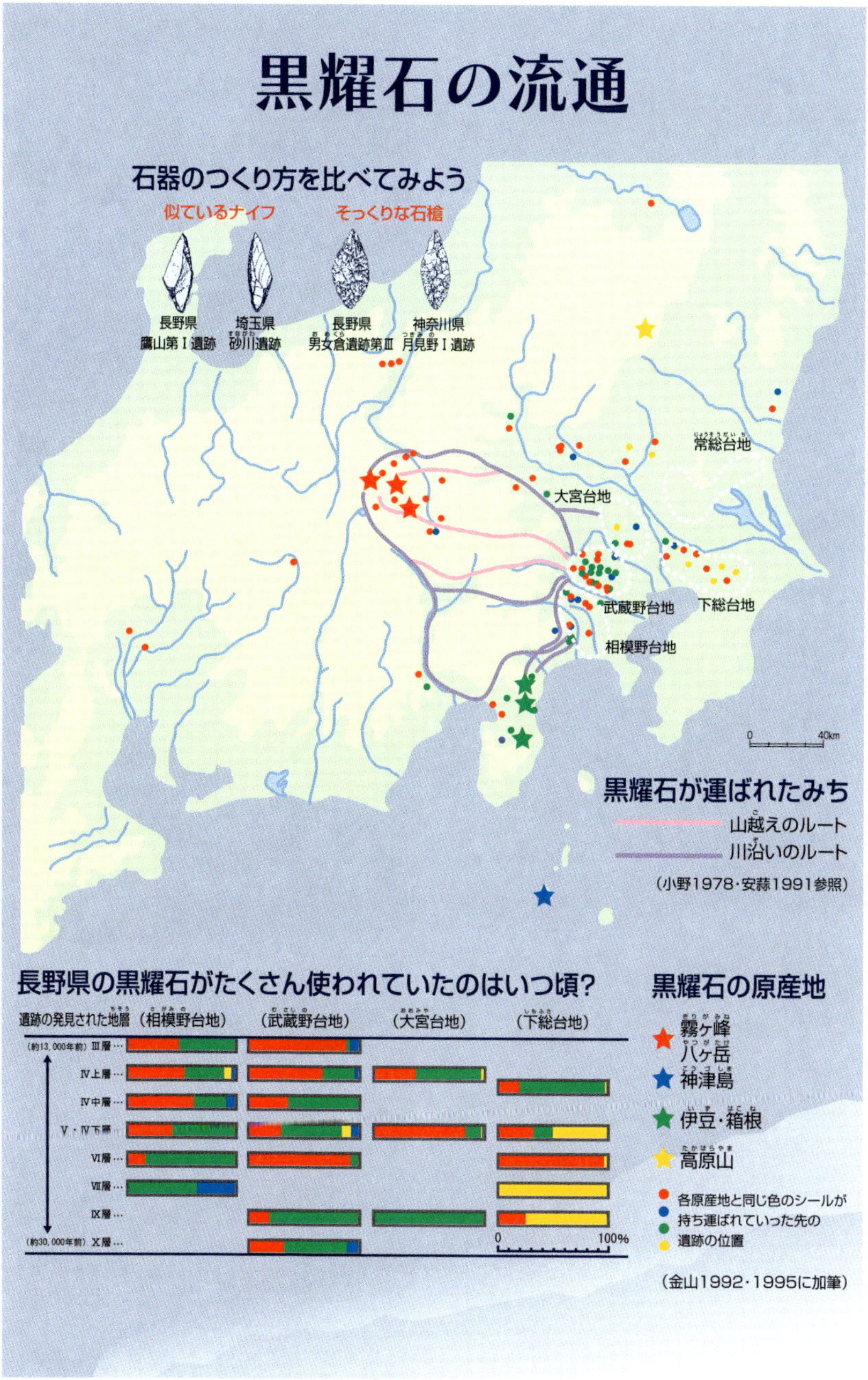
黒耀石の流通
石器のつくり方を比べてみよう
似ているナイフ
そっくりな石槍
長野県
鷹山第Ⅰ遺跡
埼玉県
砂川《すながわ》遺跡
長野県
男女倉《おめくら》遺跡第Ⅲ
神奈川県
月見野《つきみの》Ⅰ遺跡
常総台地《じょうそうだいち》
大宮台地
武蔵野台地
下総台地
相模野台地
0　40km
黒耀石が運ばれたみち
山越《こ》えのルート
川沿《ぞ》いのルート
（小野1978・安蒜1991参照）
長野県の黒耀石がたくさん使われていたのはいつ頃?
遺跡の発見された地層《ちそう》
（相模野《さがみの》台地）
（武蔵野《むさしの》台地）
（大宮《おおみや》台地）
（下総《しもふさ》台地）
（約13, 000年前）Ⅲ層…
Ⅳ上層…
Ⅳ中層…
Ⅴ・Ⅳ下層
Ⅵ層…
Ⅶ層…
Ⅸ層…
（約30, 000年前）Ⅹ層…
0　100%
黒耀石の原産地
霧ケ峰《きりがみね》
八ケ岳《やつがたけ》
神津島《こうづしま》
伊豆《いず》・箱根《はこね》
高原山《たかはらやま》
各原産地と同じ色のシールが
持ち運ばれていった先の
遺跡の位置
（金山1992・1995に加筆）

縄文時代の石器づくり

旧石器時代は、原石を選択し、共通の素材から石器をつくっていた。縄文時代になると、原料の大きさに合わせて石器をつくり分けるように。

縄文時代の人びとが生活するムラは、黒耀石の採掘がおこなわれていた星糞峠から、一〇キロ以上離れた大きな川の下流にひろがっていました。このムラ跡には、鉱山から持ち運ばれてきた黒耀石の原石と、その原石をもとにつくられた石器や細かな割りくずが残されており、ムラの中で石器づくりがおこなわれていた様子がうかがえます。

ムラ跡から発見された資料を、原石から石器へという石器づくりの手順にあてはめて観察すると、大小さまざまな大きさの原石が石器の原料として利用されていたことがわかります。旧石器時代には、原石の大きさや形を選んで利用していました。また、その原石をもとに、共通した素材からいく種類もの石器がつくり分けられていました。これに対して、縄文時代には、労力をかけて掘り出した多様な原石を最大限に利用し、大きな素材からは大きな石器を、小さな素材からは小さな石器をというように、原料や素材の大きさ・形を活かした石器づくりがおこなわれるようになりました。

縄文時代の石器製作技術

剥片の縁に鹿の角先を当てて、表から裏側に向かって突き刺すように力を加えて押し割ります。この割り方を押圧剥離といいます。

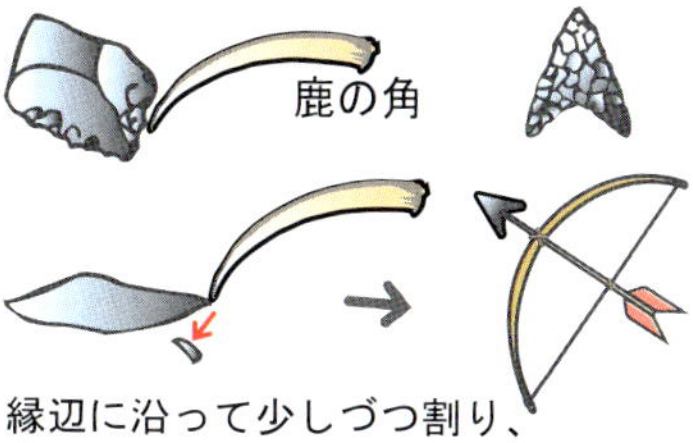

縁辺に沿って少しづつ割り、全体の形と厚みを整えます。

石の割り方

● **押圧剥離**（おうあつはくり）
縄文時代の石器は、鹿の角先などで剥片の縁辺に圧力を加えて押し割る「押圧剥離」という方法でつくられている。とがった角の先端でより細かな細工がされるようになった。

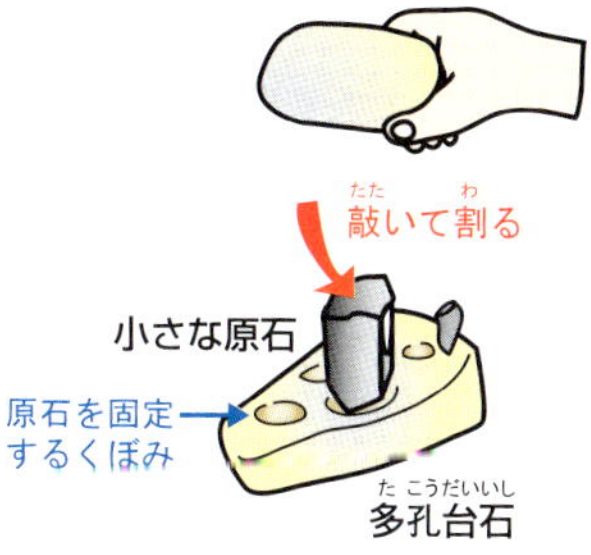

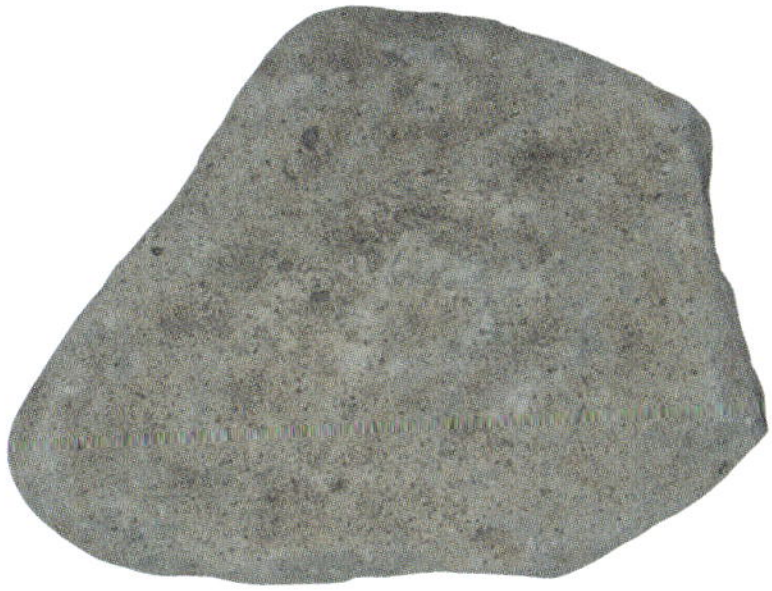

● **小さな原石から石器の素材を打ち剥がす**
星糞峠の平坦部からは、扁平でザラザラした安山岩の表面に、無数の小さな浅いくぼみを残す「多孔台石」という石器がたくさん出土している。このくぼみの内部をよく観察すると、数ミリ程度のさらに小さな凹が密集してみられる。この一帯からは、川の下流から持ち運んできたと思われる丸みのある敲石と、割り捨てられた小さな原石の残骸や割りくずが大量に出土しており、多孔台石のくぼみは、これらの小さな原石を割るときに使用されたものと思われる。

原産地から持ち運ばれてきた黒耀石と石器づくりの手順

原石《げんせき》から石器の素材《そざい》をとる

原石《げんせき》を直接たたいて、石器の素材となる薄《うす》いかけらの剝片《はくへん》を打ち剝《は》がします。

大きな厚手の剝片からは、さらに小さな剝片を打ち剝がし、剝片に近い薄く小さな原石はそのまま石器の素材として利用します。

さまざまな原石《げんせき》を持ちこむ

星糞峠の原産地からは、大小さまざまな大きさの原石がまとめて川下《かわしも》のムラへと持ち運ばれてきました。小さな石器が増えた分、利用できる原石の大きさも種類も増えたようです。

縄文時代(滝(たき)遺跡)

石 核

砕 片

石 核

↑原料を輸出する

立方体の原石

↑原料を輸出する

板状の原石

↑原料を輸出する

剥片状の原石

原産地から持ち運ばれてきた黒耀石と石器づくりの手順

石器の素《そ》材《ざい》を選ぶ

大小さまざまな大きさの剥片《はくへん》から、大きな石器・小さな石器の素材というように、それぞれの石器の大きさや形にあうものを選びます。

石器の形を整《ととの》える

鹿《しか》の角《つの》の先で押《お》し割るようにして石器の形や厚みを整えていきます。素材の大きさや形にあわせて、それぞれの石器がつくり分けられているのが特徴的《とくちょうてき》です。一見、形がふぞろいにみえる剥片《はくへん》も、そのまま削《けず》る道具などとして無駄《むだ》なく使われました。

↑石器を輸出する

大きな石器

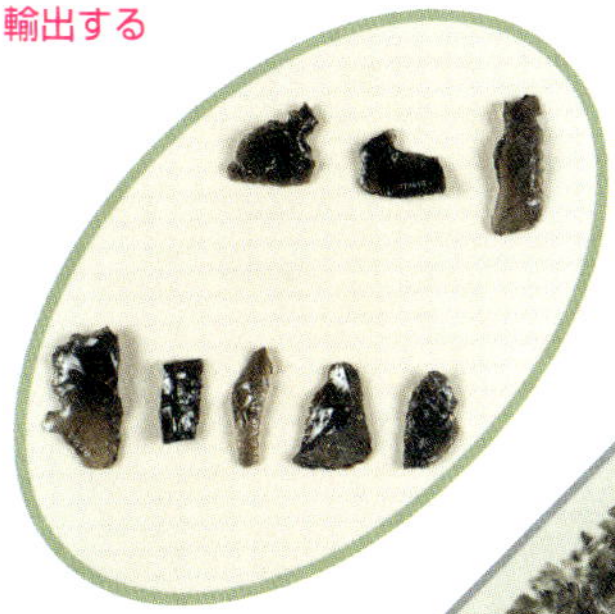

石匙・削器・掻器

砕　片

大きな剥片

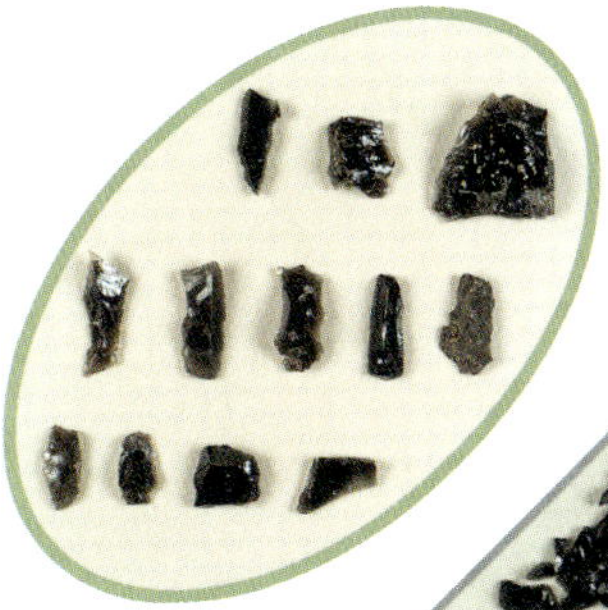

砕　片

↑石器を輸出する

小さな石器

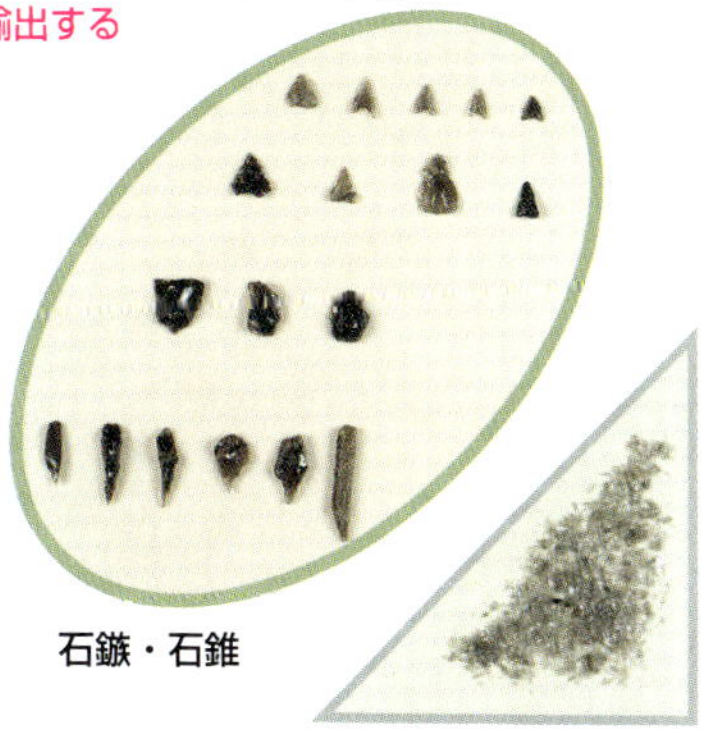

石鏃・石錐

砕　片

小さな剥片

3 縄文時代の石器づくりと流通

黒耀石鉱山と石器づくり

星糞峠の鉱山からは打ち剥がした剥片を持ち出していた時期と、黒耀石の原石そのものを持ち出していた時期とがある。

黒耀石鉱山では、わずかですが、採掘の時期を解明するための鍵となる縄文土器が発見されています。また、一緒に発見された炭化物の年代測定もすすんできました。

虫倉山中腹の第一号採掘址では、採掘当時の地面が上下に重なるようにして発見されました。それぞれの地面で採取された炭化物からは、七〇〇〇年前と三五〇〇年前という年代が測定され、縄文時代早期の条痕文《じょうこんもん》系土器と後期の加曽利《かそり》B式土器が出土しています。一方、鉱山の裾野にあたる星糞峠の平坦部では、剥片を集中的に打ち剥がしていた工房跡の周囲で、縄文時代草創期（およそ一万年前）の多縄文系土器の小さな土器片が多数発見されています。

第一号採掘址での黒耀石の採掘は縄文時代早期にさかのぼり、後期に再開されていたことがわかってきましたが、発掘調査は大規模な鉱山の一部に限られているため、採掘のはじまりや継続の期間についてはまだ結論が出ていません。しかし、虫倉山の斜面と峠の一帯とでは割くずの量や種類に違いがみられ、時期によって黒耀石の持ち出し方に違いがあったようです。

鉱山とムラ跡に残されていた石器の種類

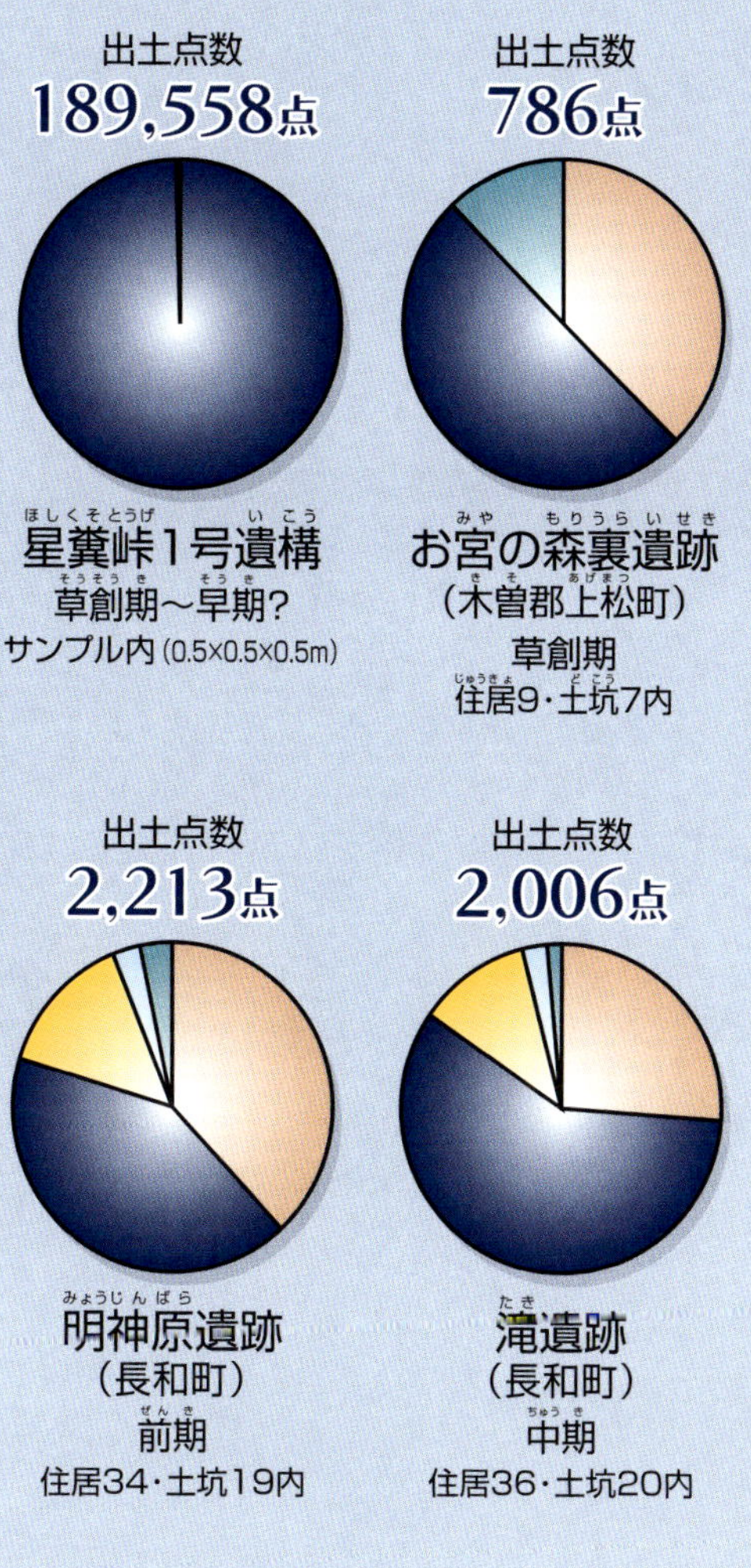
出土点数
189,558点
星糞峠《ほしくそとうげ》1号遺構《いこう》
草創期《そうそうき》～早期《そうき》?
サンプル内(0.5×0.5×0.5m)
出土点数
786点
お宮《みや》の森裏遺跡《もりうらいせき》
(木曽郡《きそ》上松町《あげまつ》)
草創期
住居《じゅうきょ》9・土坑《どこう》7内
出土点数
2,213点
明神原《みょうじんばら》遺跡
(長和町)
前期《ぜんき》
住居34・土坑19内
出土点数
2,006点
滝《たき》遺跡
(長和町)
中期《ちゅうき》
住居36・土坑20内

星糞峠の第１号遺構では、掘り出した黒耀石を打ち割ったときの細かな割りくずがたくさん発見されている。しかし、石鏃などの石器はほとんどみられないことから、石器の素材となる剥片がここでつくられ、持ち出されていたと考えられている。

これに対して、木曽地方のお宮の森裏遺跡では、黒耀石の原石はほんのわずかで、持ち込まれた剥片を素材として石器づくりがおこなわれていた。一方、長和町の大門川沿いにある明神原・滝遺跡では、黒耀石の原石から、石器づくりの割りくず、そして、完成した石器のすべてがそろって発見されており、原石を持ち込んで石器づくりがおこなわれていたことがわかる。

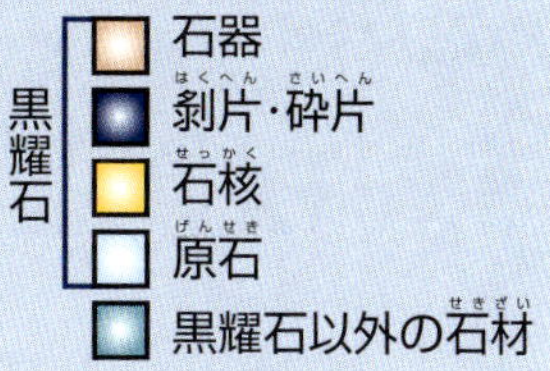
黒耀石
石器
剥片《はくへん》・砕片《さいへん》
石核《せっかく》
原石《げんせき》
黒耀石以外の石材《せきざい》

3　縄文時代の石器づくりと流通

縄文時代の流通

川下のムラには各地から人が訪ねてきた証拠が残されている。星糞峠の黒耀石を求めてやって来たのだろうか。

採掘という大規模な土木事業がおこなわれていた鷹山では、縄文時代の住居が立ち並ぶようなムラの跡は発見されていません。一方、黒耀石の原産地付近の山から流れ出す川の下流域では、大きなムラと小さなムラの跡がたくさん発見されています。

縄文時代の鷹山地区は、狩りの場や黒耀石という資源を生産する場として利用され、生活の舞台は標高の低い方へと移っていたことがわかります。そして、黒耀石を各地へ送り出していたムラは、この川下にあったようです。

大門川沿いに発見された縄文時代のムラ跡をみると、小さなムラと大きなムラが、一定の範囲にまとまるようにして並んでいます。大きなムラ跡からは、たくさんの黒耀石とともに、他の地域から持ち運ばれてきた土器や石器も発見されており、遠い道のりをこえて人びとが往き来していた様子がうかがえます。黒耀石の流通はこの大きなムラを中心におこなわれていたのではないでしょうか。黒耀石を掘り出した人たちは、どのムラからやって来たのでしょうか。

黒耀石の流通

長和町で発見された縄文時代の遺跡

大きなムラ　キャンプの跡　ムラのまとまり
小さなムラ　黒耀石原産地

黒耀石の産地を判定する

マグマが固まってできた黒耀石の主な成分は、無水ケイ酸、酸化ナトリウム、酸化アルミニウム、酸化カリウムなどです。マグマは、ケイ酸という成分が多いと、粘り気が強くなるため結晶しにくく、冷やされるとガラス質の岩石になるといわれています。そして、これらの成分は、産地ごとにその割合が微妙に異なることがわかっています。

全国の遺跡から発見された黒耀石の石器が、どの産地のものかを化学的に判定する方法の一つとして、蛍光《けいこう》X線分析法が知られています。

黒耀石に励《れい》起《き》用《よう》X線という光をあてると、蛍光X線という光が出てきます。この蛍光X線は、成分（元素）ごとに細かく光が分かれていて、それぞれの光の長さを測ると、どんな成分がどれくらい含まれているかがわかります。同じ産地の黒耀石だったら、この成分の量がそっくりになります。黒耀石の出所をくわしく判別することは、黒耀石がどのように持ち出されていったのかを調べる手がかりとなります。

第4章　遺跡の保存と活用

1　黒耀石のふるさとを守る
2　体験学習の実践
3　信州黒耀石文化のメッセージ

学問と地域づくり

文化財の意義を地域づくりの中に還元していくという方向性をもって、調査・研究活動と保存・活用事業を継続、発展させていく。

「いま、この報告書の提示を待って、町当局は鷹山地区全体のあるべき総合開発の構想の策定に着手するはずである。構想のあるべき姿というのは、いうまでもなく、遺跡群とそれをとりまく古くからの自然が、出来るだけ好ましい形で保存されるということ。そして、全国でも稀な黒耀石原産地遺跡の学術調査と研究が、今後もさらに続けられ、専門家に対してだけでなく地元町民や県民、国民一般に、この貴重な文化財が、現在の環境とともに親しまれ、活用されていく方策を講じることである。それは黒耀石の輝きのように、長門町（現長和町）のきらめくまちづくりの一つの大切な宝となると信ずる。」

鷹山第Ⅰ遺跡M地点とそれに続く詳細分布調査の報告書の中で、調査団の顧問、そして団長を務めた戸沢充則さんは、黒耀石原産地遺跡群に対する取り組みの目的意識と展望をこのように述べています。

二〇年間にわたる鷹山遺跡群における取り組みは、この一文に示唆されたように、明治大学考古学研究室を中心とする調査・研究活動の継続と発展、そして長和町の自治体を中心とする保存・活用事業の推進という、つねに二側面から、文化財の意義を地域づくりの中に還元していくという方向性をもって進められてきました。

そして、黒耀石のふるさとを守る活動は、この大学研究機関・行政組織、そして、ここに住民がかかわるかたちで、「鷹山遺跡群保存・活用協議会」の発足によって動きはじめ、さらに、住民との接点を拡大するための「鷹山遺跡教室」、「保存・活用プロジェクトチーム」が「黒耀石のふるさと創生事業」の基本構想書づくりにかかわっています。

こうして、明治大学は鷹山に調査・研究を担う「明治大学黒耀石研究センター」を建設し、長和町は星糞峠の黒耀石鉱山の国史跡の指定を受け、遺跡の保存の核となり、継続調査の成果を広く還元する埋蔵文化財センターとして、「星くずの里たかやま　黒耀石体験ミュージアム」を建設するに至ったのです。

●明治大学黒耀石研究センター
今後の調査・研究を担う中心施設。背後に星糞峠の黒耀石鉱山が見える。

体験学習の意義

土器や石器を見るだけではなく、自分たちでもつくってみて、昔の人の知恵や苦労を体験してみる。

旧長門町では、一九九二年（平成四）から「原始・古代ロマン体験館」という小さな資料館で、縄文時代の道具づくりにチャレンジする体験学習に取り組んできました。廃校となった小学校の体育館を改修してつくったもので、黒耀石体験ミュージアムの前身となった施設です。

この資料館の名称ともなっている体験学習への取り組みは、鷹山から二〇キロほど下流にある大仁反《おおにたん》遺跡から発掘された芸術的な縄文土器が発端となってはじまりました。大仁反遺跡は、ムラの中央に祭りの広場や施設をもつ縄文時代中期の大規模な遺跡で、当地域の中心的なムラであったと考えられています。調査は圃場整備という田んぼを作り直す工事にともなうものでしたが、工事の設計を調整することによって、遺跡のほとんどが無傷のまま残されています。そして、この発掘から出土した土器の整理作業を見学に立ち寄った地域の人たちから、自分たちも土器をつくってみたいという話がもち上がったのです。

「小さなムラにも、素晴らしい文化を残した祖先の歴史が残されている。ふるさとを見つめ直してみよう」と企画された「縄文土器づくりアンド縄文バーベキュー」の集いは、小さな子どもから、ふだんは顔を合わせることもなくなった若者とおじいちゃん、おばあちゃんたちを含め、いつの間にか口コミで一〇〇人を超える一大イベントになっていきました。残念ながらはじめての土器づくりは、ほとんどが野焼きの際に割れてしまいました。しかし、そこでは、あらゆる人が年齢や立場を超え、縄文人とどちらが上手かなどと、笑い合いながら、共に童心にかえって汗を流す時間が過ぎていきました。土器や石器を見るだけではなく、自分たちでもつくって、昔の人の知恵や苦労を体験してみる。たいへんだけど、たくさんの人との楽しい思い出づくりができたのです。

祖先の生き方を通して、自分自身を見つめなおす。土器づくりや石器づくりには、大人も子どももなく、素直にその時間を楽しく分かち合うことのできる魅力があります。体験学習への取り組みは、いわば、遺跡が私たちに語りかけるメッセージを解き明かす、そのキーワードを握っているのです。

●土器づくりの集い
土器焼きは近くの川原でおこなわれた。

2　体験学習の実践

鷹山遺跡教室

子どもたちと大人が一緒になって遺跡の調査に取り組み、黒耀石のふるさとの未来をともに考える。

体験学習を担うスタッフは、三〇代から七〇代の地域住民です。とくにスタッフの中核を担っているおかあさんたちは、体験学習の教材を、材料集めからすべて手づくりで準備しています。また、近所のおじいちゃんやおばあちゃんが、資料館を訪れるあらゆる世代をつなげる役割をはたしてくれています。

体験学習に参加した子どもたちは、汗を流しながら一緒に悩み、手伝ってくれる、このさまざまな世代のスタッフの接し方に、「自分のために一生懸命になってくれてありがとう」と、体験の面白さについてだけではなく、感謝の言葉をたくさん寄せてくれています。

大人も子どもも一緒になって、何かに取り組む。「鷹山遺跡教室」は、こうした博物館活動の考え方を根底として、一九九四年（平成六）から毎年開催されてきました。そのきっかけとなったのは、鷹山での本格的な調査がはじまる三年前に書かれた小学校六年生の作文でした。「たか山からは、旧石器時代の石器が沢山出土してる…もしかしたら、ぼく達が考えた長門町

（現長和町、以下同）の考古学博物館が実現するかもしれない。…一方では長門町の発展のための対策を考え、もう一方では自然を守る対策を考える。これをうまく組み合わせていけば、長門町は大きく発展するだろう。」昭和五六年の合併四〇周年の記念冊子として発行された町政要覧に掲載された作文です。

鷹山で目標とした博物館の原点は、ここにあります。地域の未来を担う子どもたちの夢を、大人も一緒になって考えていこう。その枠組みとしてスタートした遺跡教室では、縄文鉱山の調査のお手伝いや、遺跡間を歩いて「黒耀石が運ばれたミチを探る」などの活動を通し、黒耀石のふるさとを発展させるためにはどうしたらよいのか、意見を交換し合ってきました。黒耀石体験ミュージアムを核とした基本構想書には、この教室での意見が、その骨子として活かされています。大人と子どもが、一つの素材を元に対話できる場。その大切な場が、共通の基盤となる遺跡であり、博物館の仕組みであるのです。

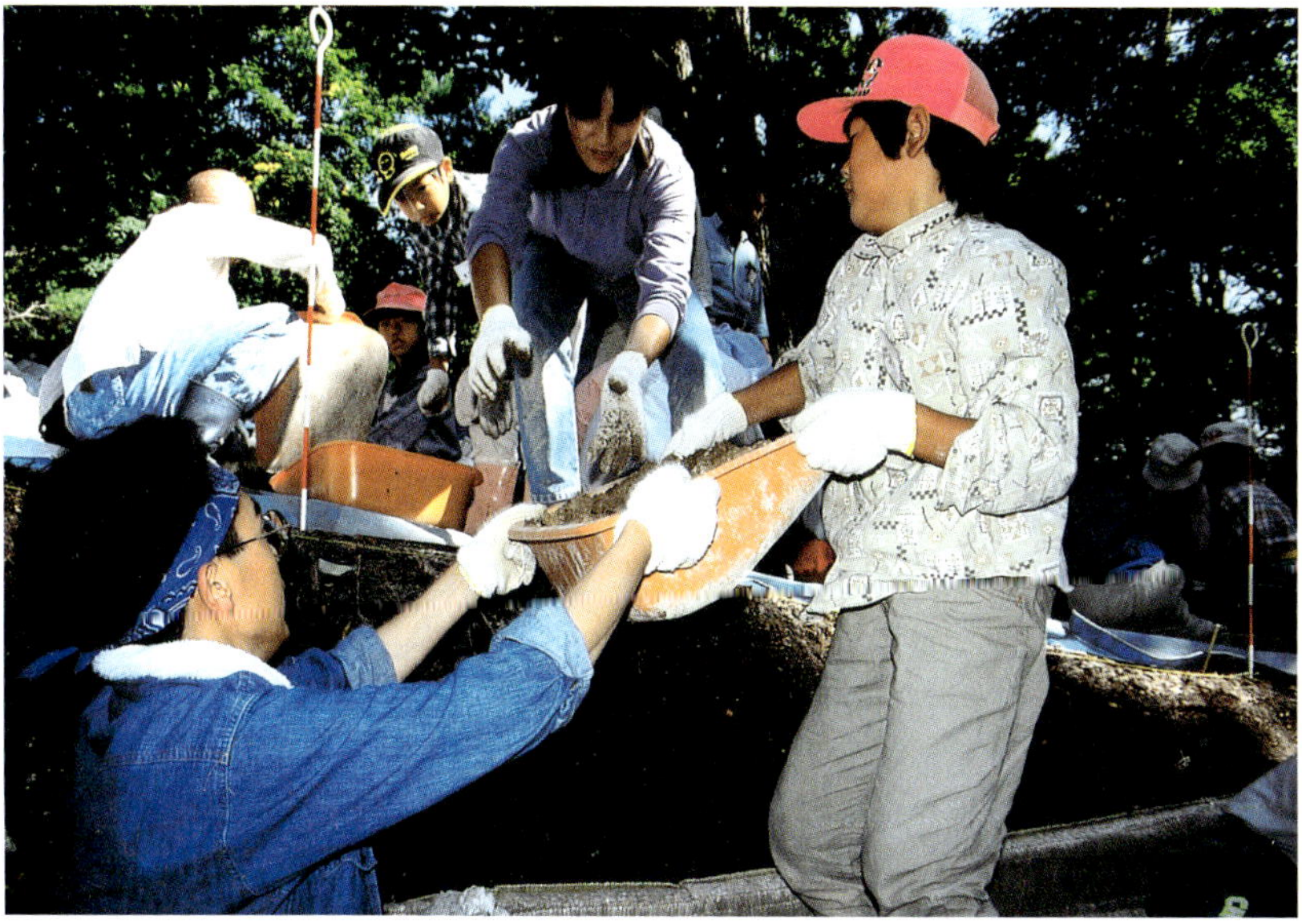

●縄文鉱山の発掘調査をおこなう「鷹山遺跡教室」
大学生が先生になって、子どもたちに発掘の実際を体験してもらう。

2 体験学習の実践

石器づくり

キラキラと美しく輝く黒耀石の石器。そのひとつひとつの形には、縄文人のこだわりがこめられている。大切な命をつないできた、匠《たくみ》の輝きである。そんな思いにどこまで近づけるか、チャレンジしてみよう！

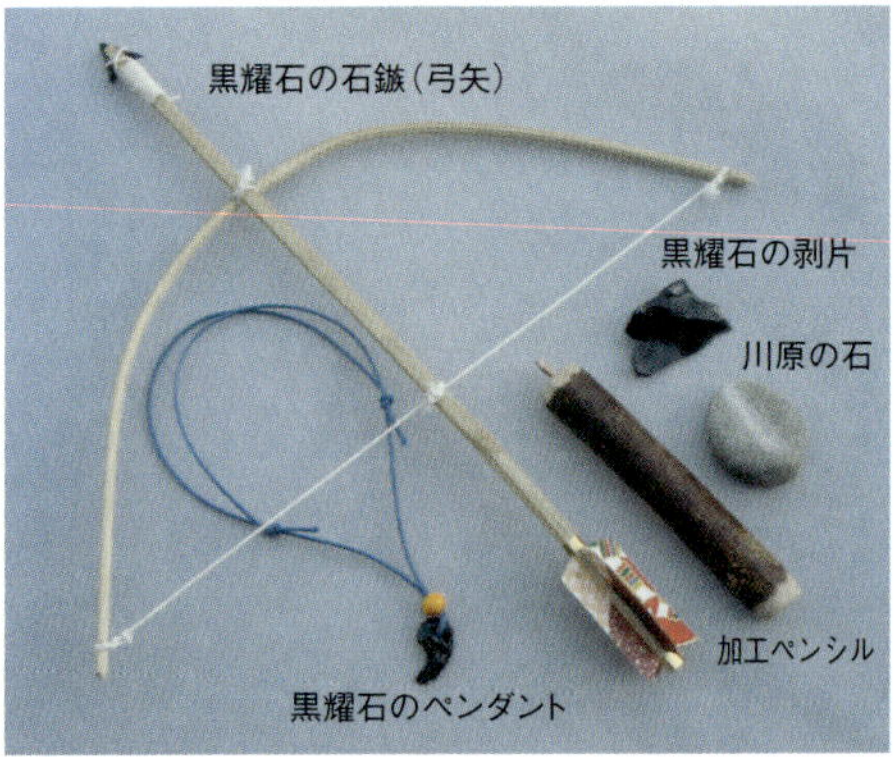

●用意する素材、道具と完成品

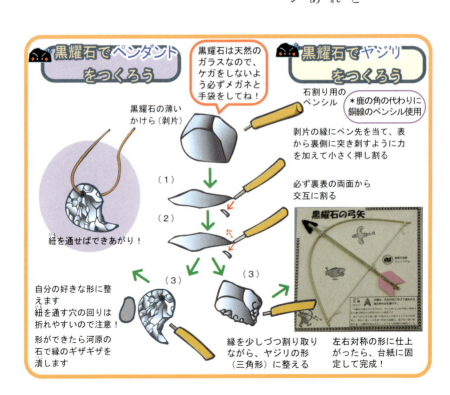

黒耀石でペンダントをつくろう

黒耀石でヤジリをつくろう

黒耀石は天然のガラスなので、ケガをしないよう必ずメガネと手袋をしてね！

石割り用のペンシル

＊鹿の角の代わりに銅線のペンシル使用

黒耀石の薄いかけら（剥片）

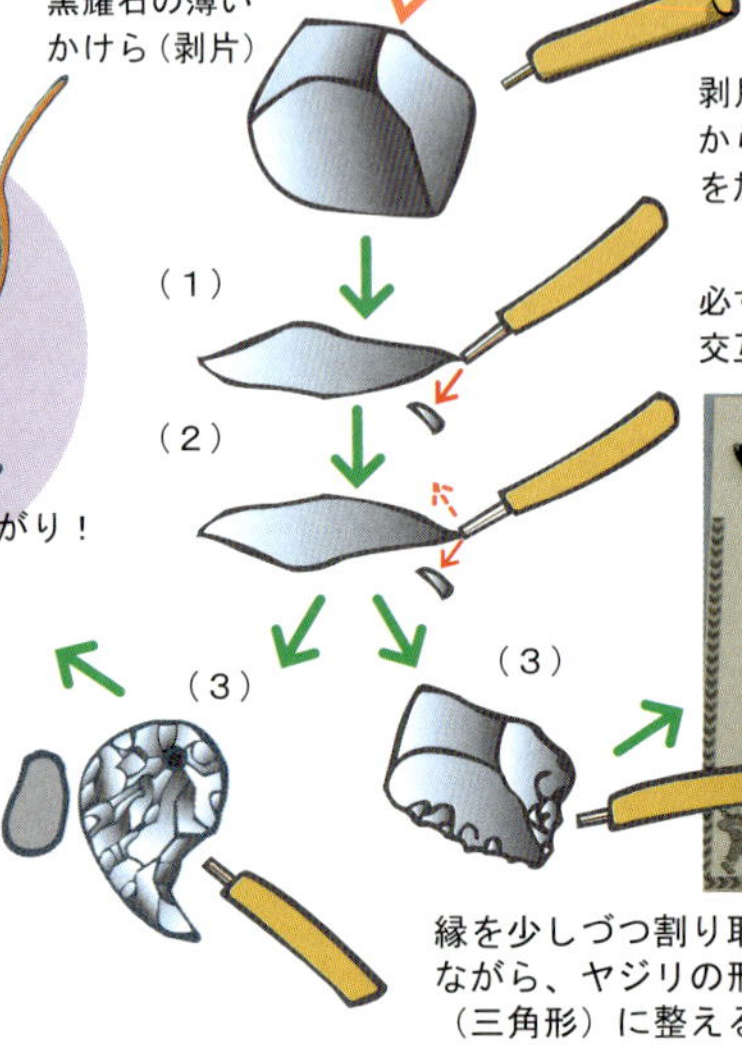

剥片の縁にペン先を当て、表から裏側に突き刺すように力を加えて小さく押し割る

必ず裏表の両面から交互に割る

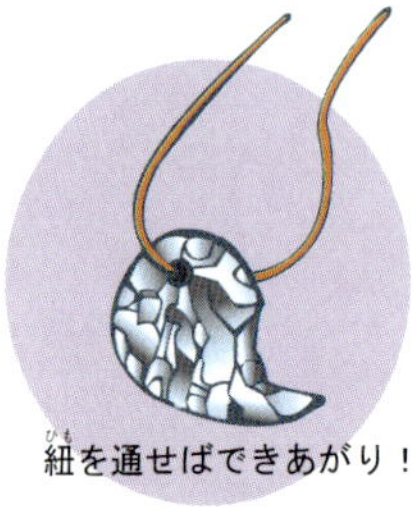

紐《ひも》を通せばできあがり！

自分の好きな形に整えます
紐《ひも》を通す穴の回りは折れやすいので注意！

形ができたら河原の石で縁のギザギザを潰《つぶ》します

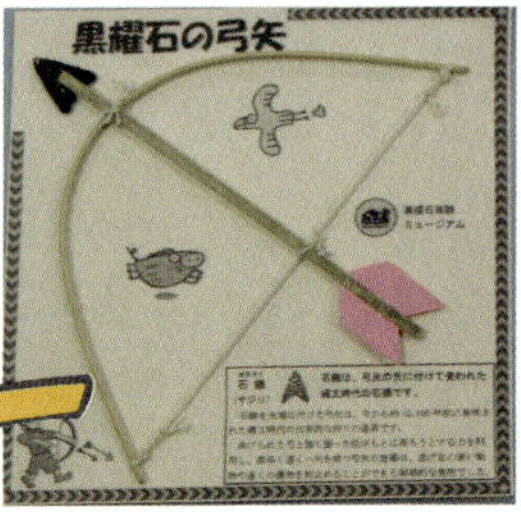

縁を少しづつ割り取りながら、ヤジリの形（三角形）に整える

左右対称の形に仕上がったら、台紙に固定して完成！

2　体験学習の実践

骨角器づくり

縄文時代の人たちは、身のまわりのさまざまな材料で道具をつくる名人だった。動物の骨や角などでつくった道具を骨角器《こっかくき》という。代表的なものでは、魚を釣る釣り針、衣服を縫う縫い針、そして、ヘアピンやペンダントなどもつくられていた。

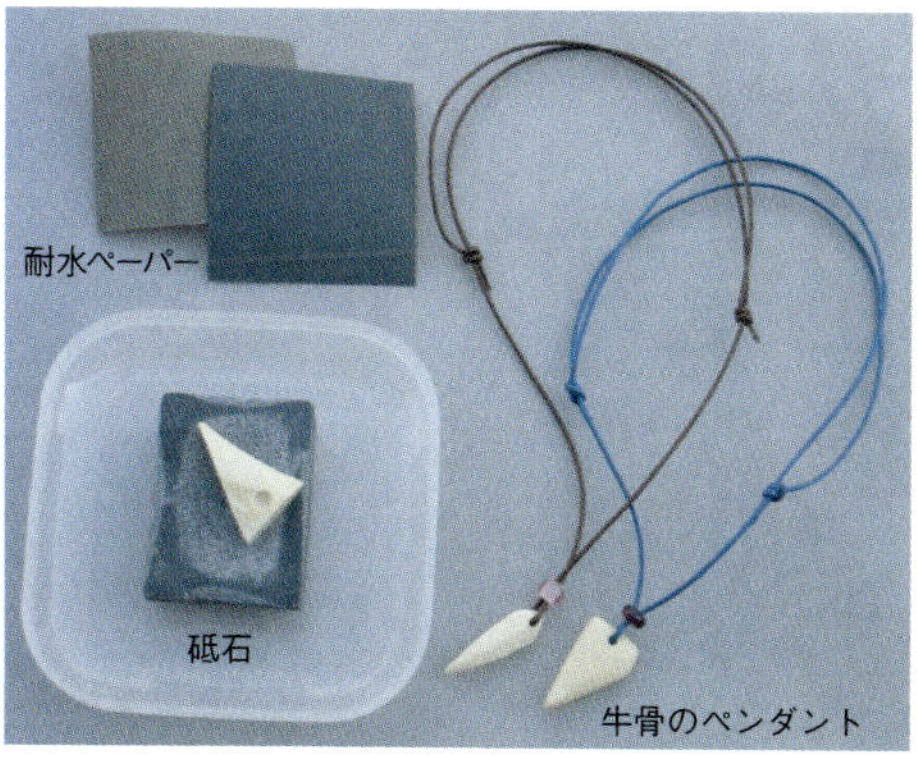
耐水ペーパー
砥石
牛骨のペンダント
● 用意する素材、道具と完成品

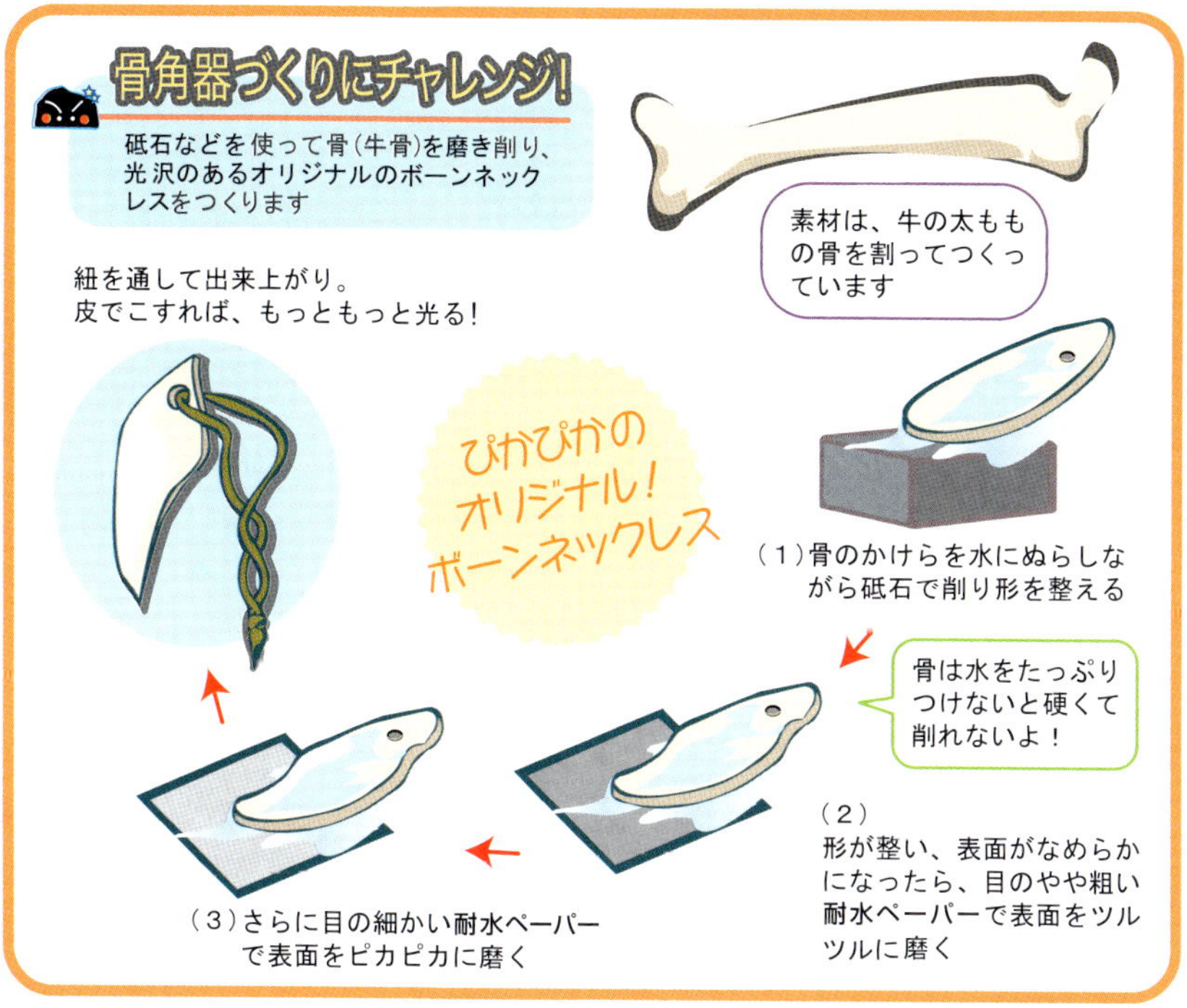
骨角器づくりにチャレンジ!
砥石などを使って骨（牛骨）を磨き削り、光沢のあるオリジナルのボーンネックレスをつくります
素材は、牛の太ももの骨を割ってつくっています
（１）骨のかけらを水にぬらしながら砥石で削り形を整える
骨は水をたっぷりつけないと硬くて削れないよ！
（２）
形が整い、表面がなめらかになったら、目のやや粗い耐水ペーパーで表面をツルツルに磨く
（３）さらに目の細かい耐水ペーパーで表面をピカピカに磨く
紐を通して出来上がり。
皮でこすれば、もっともっと光る！
ぴかぴかのオリジナル！ボーンネックレス

勾玉づくり

美しいヒスイの勾玉《まがたま》は、縄文時代からつくられていた。その形は、動物の牙の形や、生まれる前の赤ちゃんの形をしているなどといわれ、お守りとして大切にされていたようである。硬いヒスイは、小さな穴でも、一ミリ削るのに数時間かかる。

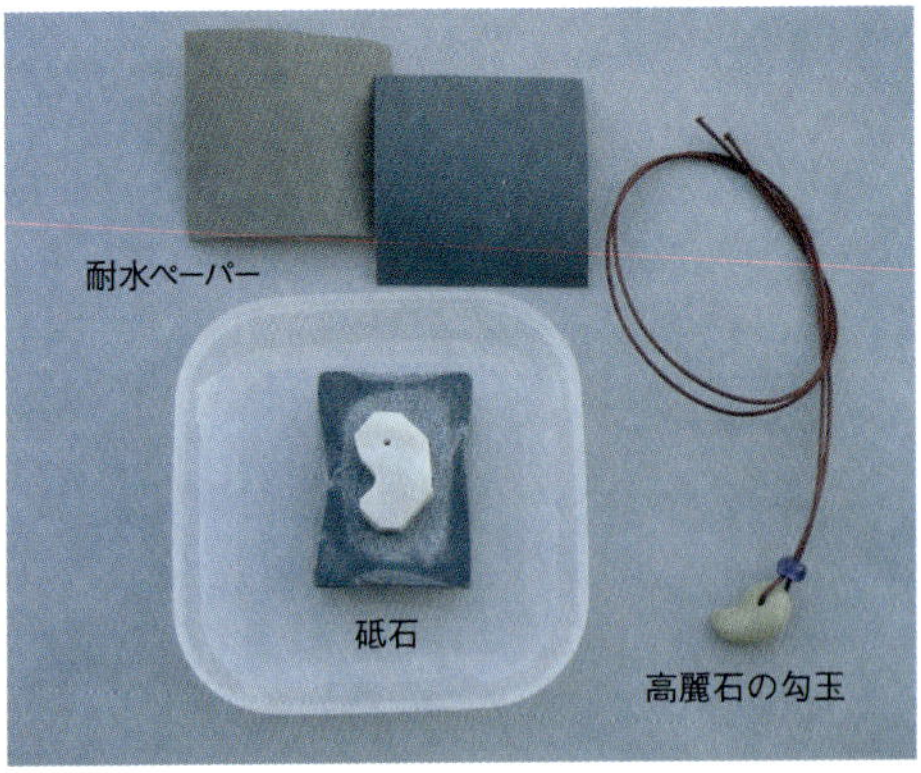
耐水ペーパー
砥石
高麗石の勾玉

● 用意する素材、道具と完成品

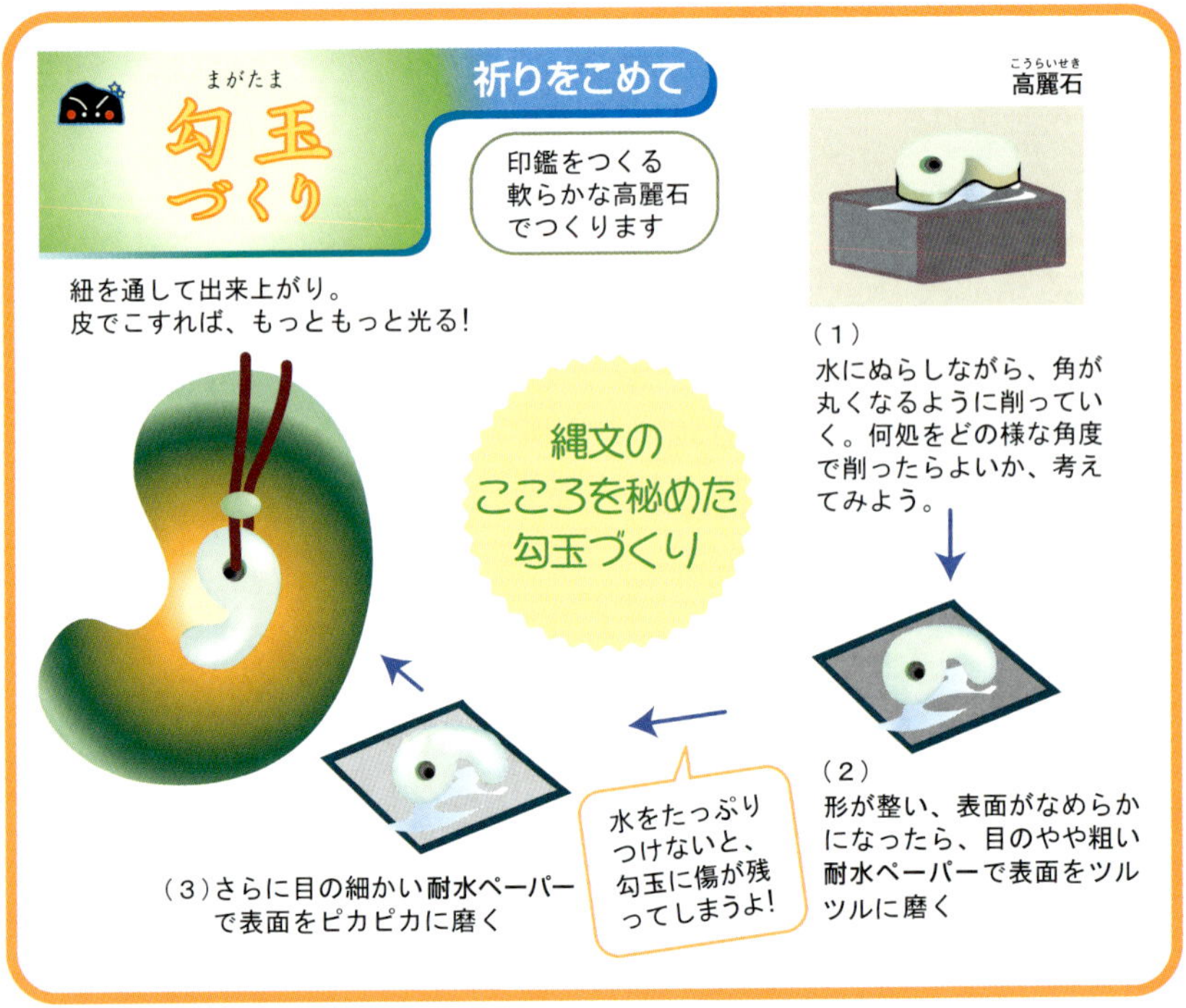
勾玉《まがたま》
づくり
祈りをこめて
印鑑をつくる
軟らかな高麗石
でつくります
高麗石《こうらいせき》
紐を通して出来上がり。
皮でこすれば、もっともっと光る!
（1）
水にぬらしながら、角が丸くなるように削っていく。何処をどの様な角度で削ったらよいか、考えてみよう。
縄文の
こころを秘めた
勾玉づくり
（2）
形が整い、表面がなめらかになったら、目のやや粗い耐水ペーパーで表面をツルツルに磨く
水をたっぷりつけないと、勾玉に傷が残ってしまうよ!
（3）さらに目の細かい耐水ペーパーで表面をピカピカに磨く

2　体験学習の実践

磨製石斧づくり

縄文時代の人は、緑や白の美しい石をすり磨いて、木を切る丈夫な石斧《いしおの》をつくっていた。ひとつの石斧をつくるのに、とても時間がかかる。縄文人は、この石斧を使った後は、イエの中に大切に保管していた。

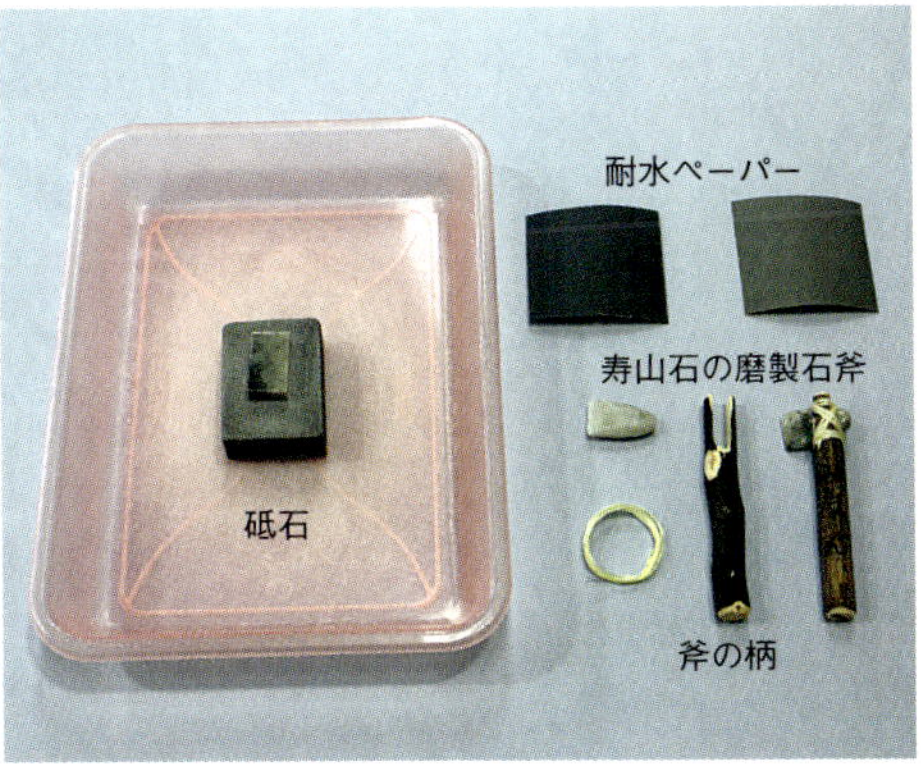
耐水ペーパー
寿山石の磨製石斧
砥石
斧の柄

●用意する素材、道具と完成品

ミニチュア 磨製石斧をつくろう！

印鑑をつくる軟らかな寿山石でつくります

素材を横に寝かせながら粗目の耐水ペーパーで刃先を削りだす

紐《ひも》
柄
（1）
寿山《じゅざん》石
木を切る磨製の石おの小さなものは木材を割る道具として活躍
（3）
（2）

＊大きさは柄を付けて10cm程です。

基本的な形ができたら、やや目の細かな耐水ペーパーで磨き削る

水をたっぷりつけないと傷が残ってしまう

さらに目の細かい耐水ペーパーで表面をピカピカに磨く

編布づくり

縄文時代には、動物の皮以外に、植物の繊維で編んだ布で、衣服などをつくっていた（編布《あんぎん》）。皮や布は腐りやすいため残りにくく、全体の形はわからないが、まれにその一部が遺跡から発見されることがある。人形の土偶《どぐう》などを見ると、かなりおしゃれな服装だったようだ。

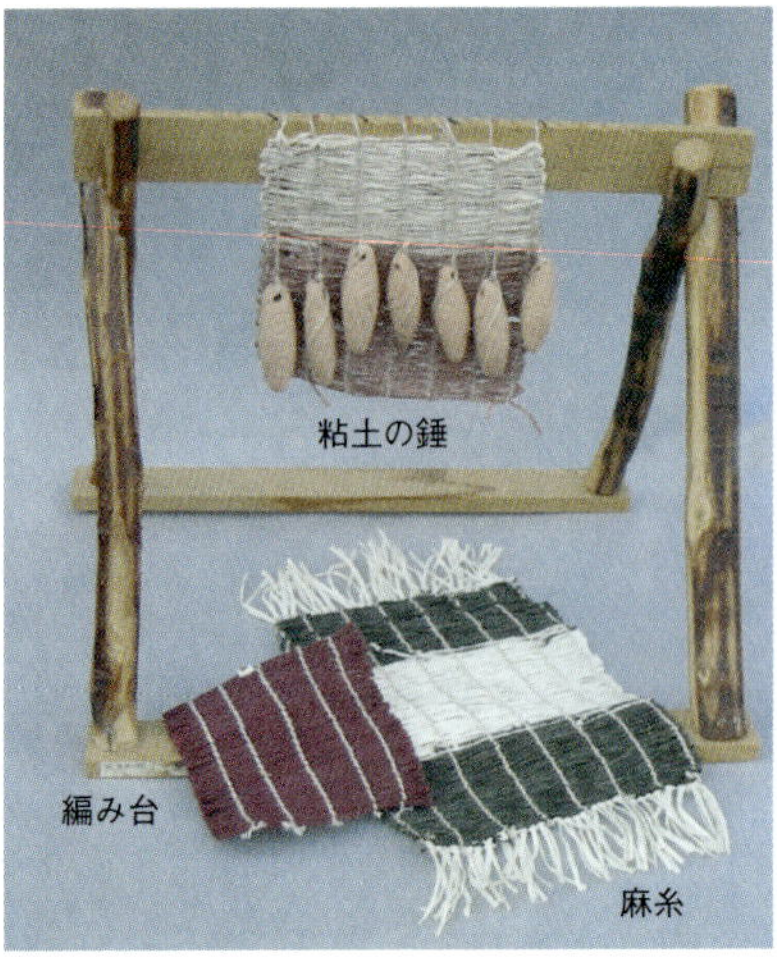
粘土の錘
編み台
麻糸

●用意する素材、道具と完成品

縄文織り

縄文アンギン織りでコースターをつくろう！

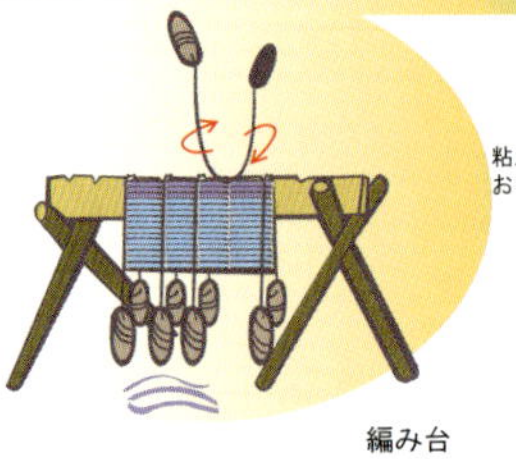
編み台

粘土のおもり
縦糸
横糸

（1）

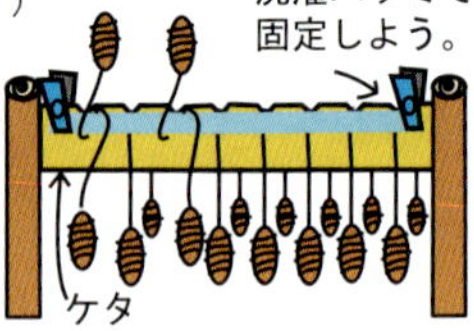
洗濯ハサミで固定しよう。
ケタ

- おもりのついた縦糸をケタの刻みにかける。
- 1本目の横糸をケタに添って固定する。
- 一列目の縦糸の、手前のおもりを左手に持って向こう側へ、反対側のおもりを右手に持って手前にという様に、一本おきに縦糸を半回転させながら横糸に巻きつける。

（2）

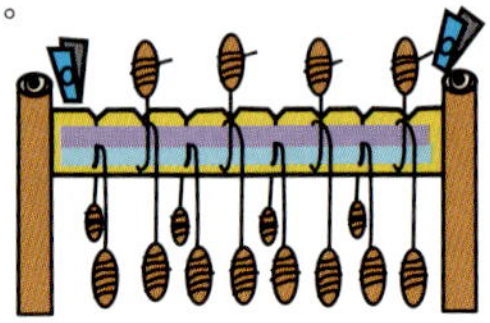

- 2本目の横糸を1本目の上側に並べる。
- 2列目の縦糸から（1）と同じように一本おきに
- 3本目の横糸を並べたら、1列目の縦糸から一本おきに。以下、同じ様に繰り返す。

（3）

・糸がなくなるまで編み終わったら縦糸を結んでとじる。

2 体験学習の実践

縄文土器づくり

縄文土器の模様には時代や地域によって流行があったことが知られている。オコゲや煤《すす》のついた跡も見られ、その造形の美しさには食べ物への感謝の想いがこめられていたのではないだろうか。

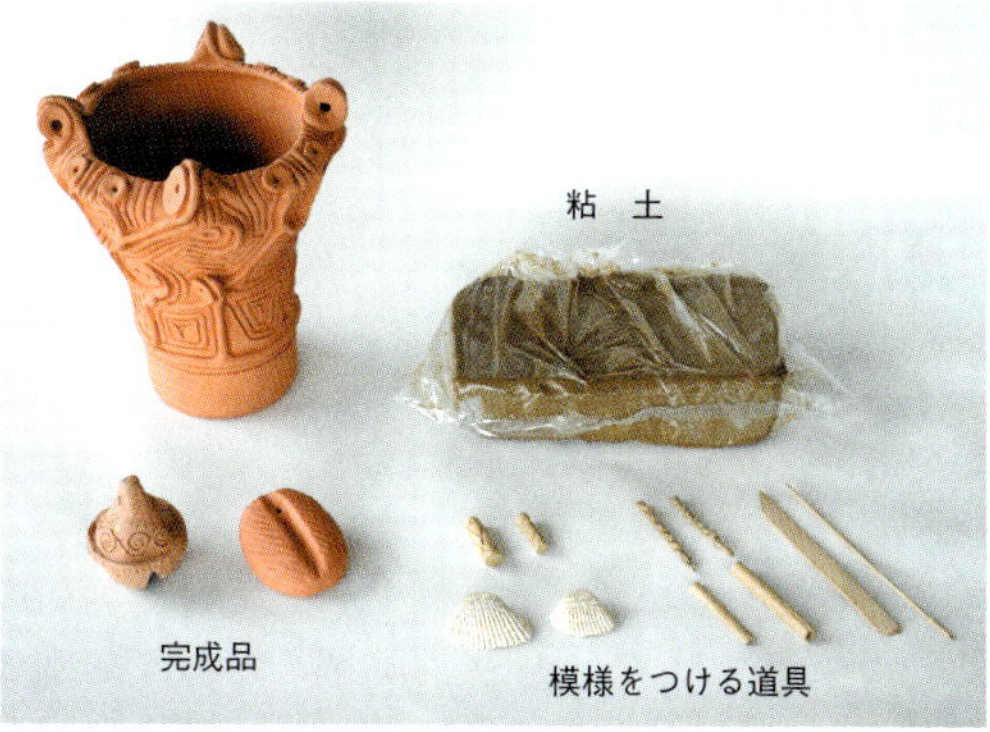

●用意する素材、道具と完成品

3　信州黒耀石文化のメッセージ

過去から未来へ

身近な遺跡から学び、感じたことをみんなの言葉で伝えようという合言葉で、子どもたちがスタッフとして活躍する、黒耀石のふるさと祭りや黒耀石大使が始動しました。

春になると、長和町の六年生をはじめとする子どもたちが黒耀石体験ミュージアムにやってきます。「人類の誕生から遠い歴史の道のりを経て、私たちの祖先は黒耀石と出会ったのです」。いつも身近にあった黒耀石にまつわる歴史の話や、まだ解明されていない謎について問いかけると、子どもたちの瞳がキラキラと輝きはじめます。

厚く積み重なった第一号採掘址の土砂の山。「縄文人は、こんなにも苦労して黒耀石を手に入れました。その黒耀石をどうしてみんなに分けてあげたのでしょう？」すると、小学校の三年生は「心が優しかったんだ」と即答し、六年生は「みんなが幸せになるために分けあったから、戦争のない平和な縄文時代が続いたんだ」と答えてくれました。

二〇〇九年から中学生がスタッフとなって開催することになった「黒耀石のふるさと祭り」は、この思いを伝えるために始まりました。そして、二〇一六年に公募した「長和青少年黒耀石大使」は、縄文と黒耀石文化の意義を世界に発信しようと英国にむかったのです。

3　信州黒耀石文化のメッセージ

黒耀石のふるさと祭り

毎年、八月に開催される「黒耀石のふるさと祭り」では、道具をつくる体験から、普段はできない道具を使う体験やコンサートなども企画しています。中学生は大人と一緒に受付・司会・会場係から各種体験ワークショップのスタッフとして活躍しています。

●黒耀石のふるさと祭り
大人とともに地元の小・中学生がスタッフとして祭りを支えます。

長和青少年黒曜石大使

中学三年から高校生までの一四名が大使として二カ月の研修を受け、英国の学会でのプレゼンや一般市民向けの黒曜石の石器づくりの指導に当たりました。そして、星糞峠の黒曜石鉱山はグライムズ・グレイブスのフリント鉱山と世界初の双子遺跡となりました。

● **歴史遺産を活かした国際交流**（世界初の双子遺跡協定式に参加）
グライムズ・グレイブス遺跡は石器の原料となったフリントの鉱山跡。新石器時代から採掘が始まった。採掘の痕跡がくぼみとして残る遺跡の風景も黒曜石鉱山とそっくりである。

引用・参考文献

安蒜政雄「黒耀石原産地の遺跡群の性格」『鷹山遺跡群Ⅱ』長門町教育委員会・鷹山遺跡群調査団　一九九一
小野　昭「分布論」大塚初重・戸沢充則・佐原真編『日本考古学を学ぶ（1）』有斐閣選書　一九七八
大竹幸恵「尖頭器文化と遺跡群の形成―八ヶ岳西南麓を中心として―」『長野県考古学会誌』59・60シンポジウム特集号　一九八九
大竹幸恵「星糞峠の原産地と遺跡群―鷹山遺跡群とその周辺―」『第10回　長野県旧石器文化研究交流会―発表資料―』　一九九八
大竹幸恵『滝遺跡』長門町教育委員会　二〇〇一
金山喜昭「先史時代の黒曜石研究史」『法政考古』17　一九九二
金山喜昭「関東地方における黒耀石の利用と交流について」『石器石材Ⅰ―北関東の原石とその流通を中心として―」第3回岩宿フォーラム／シンポジウム　笠懸野岩宿文化資料館　一九九五
長野県埋蔵文化財センター『上信越自動車道埋蔵文化財発掘調査報告書15　信濃町内その1　貫ノ木遺跡・西岡A遺跡』　二〇〇〇
野口淳・三木陽平「追分遺跡群における石器群の変遷」『第15回　長野県旧石器文化研究交流会―発表資料―』　二〇〇三
戸沢充則『鷹山遺跡群Ⅰ』長門町教育委員会・鷹山遺跡群調査団　一九八九
横山　真「縄文時代草創期後半における黒耀石製石器の生産形態―中部高地を例に―」『鷹山遺跡群Ⅳ』長門町教育委員会・鷹山遺跡群調査団　二〇〇〇

指導・協力

戸沢充則・樋口昇一・杉原重夫・安蒜政雄・矢島國雄・大竹憲昭・須藤隆司・勝見　譲・島田和高・山科　哲・三木陽平・山科香織・関　雅之・西村久由規・株式会社ムラヤマ・赤池洋一・村田弘之・太田光春・笹澤真弓

星くずの里 たかやま
黒耀石体験ミュージアム

展示室入口

本書で解説している、旧石器から縄文時代の黒耀石原産地鷹山遺跡群の発掘調査の成果を、実際の石器・アニメーション・模型などからわかりやすく知ることができる。また、第4章で紹介した石器づくりなどを実際に体験することができる。

- 長野県小県郡長和町大門 3670 - 3
- TEL 0268（41）8050
- 9：00～16：30（体験学習は 16：00 まで）
- 月曜（祭日の場合は翌日）・年末年始休み
- 大人 300 円・子ども 100 円（体験料 300 円～）

黒耀石のギャラリー

体験スペース

交通案内

- ＪＲ上田駅から国道152号線丸子経由で70分
- ＪＲ茅野駅から国道152号線白樺湖経由で40分
- 上信越自動車道佐久ICから国道142号線笠取峠経由で60分
- 中央自動車道諏訪ICから国道152号線大門街道経由で45分

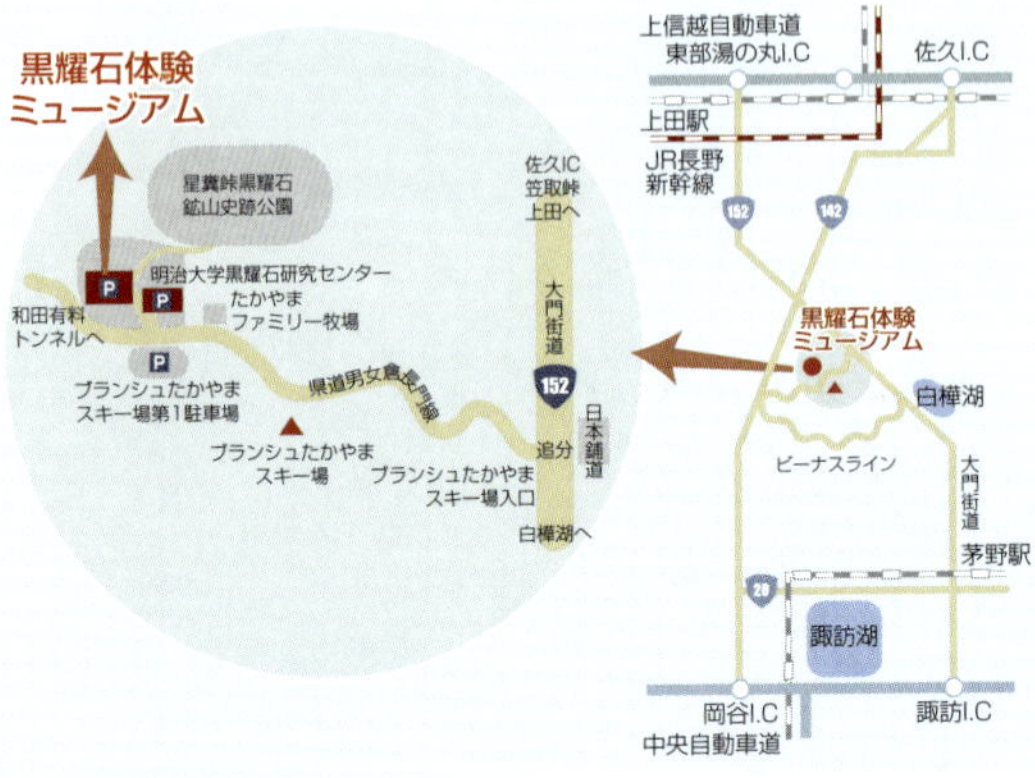

シリーズ「遺跡を学ぶ」別冊 01
〈改訂版〉黒耀石の原産地を探る・鷹山《たかやま》遺跡群

2004 年 10 月 10 日　第 1 版第 1 刷発行
2018 年 12 月 20 日　改訂版第 1 刷発行

編　者＝長和町立黒耀石体験ミュージアム
執筆者＝大竹幸恵《おおたけさちえ》（長和町教育委員会）

発行者＝株式会社 新 泉 社
東京都文京区本郷 2-5-12
TEL03(3815)1662 ／ FAX03(3815)1422
印刷／萩原印刷　製本／榎本製本

ISBN978-4-7877-1930-0　C1021

シリーズ「遺跡を学ぶ」

第1ステージ（各1500円＋税）

04 原始集落を掘る　尖石遺跡　勅使河原彰
07 豊饒の海の縄文文化　曽畑貝塚　木﨑康弘
12 北の黒曜石の道　白滝遺跡群　木村英明
14 黒潮を渡った黒曜石　見高段間遺跡　池谷信之
15 縄文のイエとムラの風景　御所野遺跡　高田和徳
17 石にこめた縄文人の祈り　大湯環状列石　秋元信夫
19 縄文の社会構造をのぞく　姥山貝塚　堀越正行
27 南九州に栄えた縄文文化　上野原遺跡　新東晃一
31 日本考古学の原点　大森貝塚　加藤　緑
36 中国山地の縄文文化　帝釈峡遺跡群　河瀬正利
37 縄文文化の起源をさぐる　小瀬ヶ沢・室谷洞窟　小熊博史
41 松島湾の縄文カレンダー　里浜貝塚　会田容弘
45 霞ヶ浦の縄文景観　陸平貝塚　中村哲也
54 縄文人を描いた土器　和台遺跡　新井達哉
62 縄文の漆の里　下宅部遺跡　千葉敏朗
70 縄紋文化のはじまり　上黒岩岩陰遺跡　小林謙一
71 国宝土偶「縄文ビーナス」の誕生　棚畑遺跡　鵜飼幸雄
74 北の縄文人の祭儀場　キウス周堤墓群　大谷敏三
78 信州の縄文早期の世界　栃原岩陰遺跡　藤森英二
80 房総の縄文大貝塚　西広貝塚　忍澤成視
83 北の縄文鉱山　上岩川遺跡群　吉川耕太郎
86 京都盆地の縄文世界　北白川遺跡群　千葉　豊
87 北陸の縄文世界　御経塚遺跡　布尾和史
89 狩猟採集民のコスモロジー　神子柴遺跡　堤　隆
92 奈良大和高原の縄文文化　大川遺跡　松田真一
97 北の自然を生きた縄文人　北黄金貝塚　青野友哉
別3 ビジュアル版　縄文時代ガイドブック　勅使河原彰

第2ステージ（各1600円＋税）

107 琵琶湖に眠る縄文文化　粟津湖底遺跡　瀬口眞司
110 諏訪湖底の狩人たち　曽根遺跡　三上徹也
113 縄文のタイムカプセル　鳥浜貝塚　田中祐二
120 国宝土偶「仮面の女神」の復元　中ッ原遺跡　守谷昌文
124 国宝「火焔型土器」の世界　笹山遺跡　石原正敏
128 縄文の女性シャーマン　カリンバ遺跡　木村英明・上屋眞一
129 日本海側最大級の縄文貝塚　小竹貝塚　町田賢一